中华人民共和国海船船员适任评估教材

交通运输类"十四五"创新教材

符合《海船船员适任评估规范（2024版）》评估要求

航海实操评估I
——船舶操纵、避碰与驾驶台资源管理

Ⓜ 中国海事服务中心 组织编写

大连海事大学出版社

DALIAN MARITIME UNIVERSITY PRESS

ⓒ中国海事服务中心　　2025

图书在版编目(CIP)数据

航海实操评估. Ⅰ, 船舶操纵、避碰与驾驶台资源管理／中国海事服务中心组织编写. — 大连 ：大连海事大学出版社, 2025. 6. — (中华人民共和国海船船员适任评估教材). — ISBN 978-7-5632-4694-6

Ⅰ. U675；U692.1

中国国家版本馆 CIP 数据核字第 20259U0U43 号

大连海事大学出版社出版

地址:大连市黄浦路523号　邮编:116026　电话:0411-84729665(营销部)　84729480(总编室)

http://press.dlmu.edu.cn　E-mail:dmupress@dlmu.edu.cn

大连天骄彩色印刷有限公司印装　　　　　　大连海事大学出版社发行

2025 年 6 月第 1 版　　　　　　　　　　　2025 年 6 月第 1 次印刷

幅面尺寸:184 mm×260 mm　　印张:7.75　　　　　字数:193 千

出版人:余锡荣

策　　划:李明阳　　　　　　　　　　　　组　　稿:沈荣欣

责任编辑:孙笑鸣　　　　　　　　　　　　责任校对:刘长影

封面设计:张爱妮　　　　　　　　　　　　版式设计:张爱妮

ISBN 978-7-5632-4694-6　　审图号:GS(2025)3012 号　　定价:30.00 元

中华人民共和国海船船员适任评估教材

编审委员会

主　　　任:单红军

委　　　员:(按姓氏笔画排序)

于忠武　王　勇　万　健　吴中平　吴丽华　施祝斌

唐强荣　温华兵　曾庆成

审定委员会

主　　　任:单红军

委　　　员:(按姓氏笔画排序)

马洪涛　王平义　王明春　王　琪　吕　明　刘金华

刘锦辉　闫松银　李忆星　李　丽　李明月　杨甲奇

肖亚明　何江华　张庆宇　张守波　陈东水　陈常晖

周明顺　黄江昆　景向伟

编写委员会

主　　　任:曾庆成

执行主任:王　勇　余锡荣　张玉波

副 主 任:(按姓氏笔画排序)

王方金　王希行　方　诚　邓　华　邓志华　叶晓飞

代勇刚　曲　涛　朱永祥　朱耀辉　刘月鹏　刘世伟

刘志军　刘克忠　刘宗正　刘宪珍　许　亮　孙长飞
李先强　李江华　李　志　李明阳　李　颖　李　翼
杨神化　吴晓赟　何　毅　汪益兵　张世峰　张芳亮
张秀霞　张洪朋　张　洋　张　强　邵国余　范　鑫
林杰民　林珊仟　周欣花　郑学贵　俞万能　俞文胜
贾宝柱　徐言民　徐　攀　郭文波　郭　敏　唐　锋
黄党和　盛进路　隋江华　彭周华　董远志　蒋庆伟
程文阁　曾冬苟　曾志伟　黎冬楼　薛丛华　魏　安

委　　员：(按姓氏笔画排序)

王立军　王建军　王　勇　王乃璋　王维伟　韦国栋
方　力　卢艳民　田学军　付乾坤　冯海龙　宁　波
吕二广　吕建明　朱永强　刘长青　刘沁源　刘新亮
关长辉　江建华　许志彬　许媛媛　芡占星　李连博
李继凯　李道科　李富玺　杨双齐　杨　林　杨　栋
吴叶平　沈荣欣　张一久　张　华　张远强　张　明
张春阳　张选军　张　磊　陆宝成　陈永利　陈丽芬
陈维军　武　斌　林　郁　岳现杰　金建元　念　静
周娅琼　宗永刚　赵志强　赵俊豪　赵贵竹　郝振钧
胡贤民　柯洋洋　姜广丰　夏　楷　奚　瑞　高世有
高　颖　高增云　席建龙　唐德才　黄　华　黄兴旺
阎　义　蒋　龙　韩晓春　温清洪　赖云灵　赖　强
雷绍权　裴景涛　戴　武

前　言

作为全球贸易主动脉的海洋运输,承载着90%以上的国际货物流动,在世界经济格局中发挥着举足轻重的作用。海船船员是全球航运体系的核心,其专业素养与适任能力直接决定着全球海上物流链的安全畅通与运营效能。在智能船舶技术日新月异、新能源装备迭代升级、自动化系统深度应用的当代航运变革中,国际公约和国内海事管理法规亦呈现动态演进态势,这些深刻变化对海船船员的知识架构、技术应用与应急处置能力提出了前所未有的高标准。

为精准对标高素质船员培养标准,打造与世界一流海运强国相匹配的船员队伍,交通运输部海事局颁布了《海船船员适任评估规范(2024版)》,并于2025年4月1日正式实施。此规范旨在通过科学、系统的评估体系,确保船员具备与岗位相匹配的专业技能与素质。鉴于这一重要背景,中国海事服务中心积极响应行业需求,凝聚行业专家智慧,组织编写了这套《中华人民共和国海船船员适任评估教材》。该系列教材严格遵循评估规范要求,结构严谨,重点突出,实用性强,既为船员备考提供精准指导,又着力于培训过程中对船员实操技能与复杂场景处置能力的强化,切实提升船员的岗位胜任能力。

本套评估教材分为航海、轮机、电子电气三大专业,共16册。

航海专业包括:《航海实操评估Ⅰ——船舶操纵、避碰与驾驶台资源管理》《航海实操评估Ⅱ——航次计划、气象传真图分析》《航海实操评估Ⅲ——货物积载与系固》《航海实操评估Ⅳ——航线设计、电子海图显示与信息系统》《航海实操评估Ⅴ——航海仪器的使用、雷达操作与应用》《航海实操评估Ⅵ——GMDSS设备操作》《航海实操评估Ⅶ——水手工艺、水手值班》;

轮机专业包括:《轮机实操评估Ⅰ——轮机模拟器、动力装置测试分析与操作》《轮机实操评估Ⅱ——机舱资源管理》《轮机实操评估Ⅲ——动力设备拆装》《轮机实操评估Ⅳ——电气与自动控制》《轮机实操评估Ⅴ——动力设备操作》《轮机实操评估Ⅵ——船舶电工工艺和电气设备》《轮机实操评估Ⅶ——金工工艺》;

电子电气专业包括:《电子电气员实操评估Ⅰ——船舶电站操作与维护、船舶电子电气管理与工艺》《电子电气员实操评估Ⅱ——通信与导航设备维护、计算机与自动化》。

本套评估教材的出版具有多重意义。一是有利于行业发展,通过系统提升船员实操能力,为航运业转型升级注入强劲动能,推动我国航运业向绿色航运、智慧航运发展;二是有益于船员职业发展,引导船员精准掌握实训要点,提高培训效率和学习效果;三是有助于评估考试管理,为海船船员适任评估工作提供更加符合行业需求的标准和内容,推动海船船员适任评估工作从实施流程、评估方式到评判标准的全国统一。

中国海事服务中心邀请全国航海院校知名专家,航运企业资深船长、轮机长,以及海事局船员考试领域业务骨干共同参与本套评估教材的编写和审定工作。编审团队深度融合国际公约、国内法规最新要求与航海新技术发展趋势,注重理论联系实际,突出"用、学、考"一体化思维,通过贴合实际的案例、深入浅出的讲解,阐明评估要义,突出评估要点,使整套评估教材既具专业深度又易学易用。我们衷心期望这套凝聚航海智慧的评估教材能够成为广大船员职业成长的加速器,为我国高素质船员队伍建设发挥积极作用。同时,也热忱欢迎行业同仁和广大船员对本套评估教材提出宝贵意见和建议,以便我们不断完善,使其更好地服务于我国的航海事业。

中国海事服务中心
2025 年 4 月

编者的话

　　《STCW公约马尼拉修正案》生效后,交通运输部对《海船船员适任考试和发证规则》进行了修订,并配套编制了《海船船员适任评估规范(2012版)》。随着海事公约的修订,以及船舶设备的更新和新技术的应用,该规范部分内容已不相适应,亟须修订。于是,《海船船员适任评估规范(2024版)》应运而生,其在评估项目、内容、时长、任务、场景、要素、评判标准及方式等方面都进行了调整和优化。为配合《海船船员适任评估规范(2024版)》的实施,满足海船船员适任评估和培训的需要,我们编写了这本《航海实操评估Ⅰ——船舶操纵、避碰与驾驶台资源管理》的评估教材。

　　本书主要适用于无限航区和沿海航区各个等级的海船船长、大副、二/三副适任评估的考生,也可作为航海院校航海技术专业学生的实操训练参考资料,以及航运企业对船员进行相关技能培训的教材。通过使用本书,读者能够更好地理解和掌握船舶操纵、避碰与驾驶台资源管理的实操技能,以满足新版适任评估规范的要求。

　　本书由大连海事大学薛满福、中国海事服务中心张芳亮、江苏海事职业技术学院赵越、天津海运职业学院程文阁、江苏航运职业技术学院朱永俊、滨州职业学院王建海担任主编,孔祥生、徐海军、童森、刘月鹏参与了部分内容的编写。中国海事服务中心王建军、辽宁海事局樊江、上海海事局喻永维担任本书主审。全书最后由薛满福统稿。

　　希望本书能为广大读者在海船船员适任评估及相关航海实践中提供有力帮助,也期待大家对本书提出宝贵意见和建议,以便我们不断完善。

编　者

2025年4月

目　录

第一章　航次计划及航前准备 ·· 1

第一节　船舶操纵性能 ·· 1

第二节　航次计划 ·· 6

第三节　航前准备 ·· 7

第四节　航次计划及航前准备评估练习题 ································· 9

第二章　航行值班 ·· 19

第一节　进出港航行 ·· 19

第二节　特殊水域航行 ·· 21

第三节　特殊天气航行措施 ·· 25

第四节　正确运用《规则》采取避让措施 ·································· 28

第五节　航行值班操作规范 ·· 37

第六节　驾驶台团队的职责及资源管理 ··································· 45

第七节　航行值班评估练习题 ·· 52

第三章　航行中应急反应 ·· 64

第一节　人员落水 ·· 64

第二节　船舶失控 ·· 68

第三节　船舶碰撞前后的应急措施 ······································· 73

第四节　船舶搁浅或触礁前后的应急措施 ································· 76

第五节　航行中应急反应评估练习题 ····································· 80

第四章　港内操船 ·· 92

第一节　进出港时操纵 ·· 92

第二节　靠、离泊操纵 ·· 94

第三节　锚泊作业 ·· 99

第四节　港内操船评估练习题 ··· 103

第一章

航次计划及航前准备

第一节　船舶操纵性能

（本节适用于 500 总吨及以上船舶船长）

船舶对操纵者实施操纵的反应能力为船舶的操纵性能。一艘操纵性能好的船舶既能按操纵人员的要求，方便、稳定地保持运动状态，又能迅速、准确地改变运动状态。船舶操纵性能常通过实船操纵性试验来获得，但由于实船操纵的情况千变万化，不可能一一进行试验，只能规定一些比较典型的船舶操纵性试验。常用的实船操纵性试验包括旋回试验（Turning test）、Z 形试验（Zigzag maneuver test）、冲程试验（Stopping test）三种。为满足《海船船员适任评估规范（2024 版）》的要求，本节仅介绍旋回试验和冲程试验。

一、实船试验条件

船舶操纵性能受水深、水域宽度、气象条件、水文条件等诸多因素的影响，所以为了使实船试验结果具有普遍意义，需要对试验条件做出规定。IMO 海上安全委员会（MSC）在 MSC/Circ.1053 中做出了详细规定。

1.水深、水域宽度

船舶应在深水、宽度不受限制，但遮蔽条件较好的水域进行标准操纵性试验，其水深应大于 4 倍的船舶平均吃水。

2.船舶载况和吃水差

船舶应在满载（达到夏季吃水）、平吃水（吃水差为 0）的条件下进行试验，即确保螺旋桨有足够的沉深。

3.气象与海况

船舶应尽可能在比较平静的水域进行试验,具体规定如下:

(1)风力不超过蒲氏 5 级。

(2)海浪不超过 4 级。

(3)流场比较均匀,即在试验时间和水域范围内,流速、流向相对是稳定的。

4.试验船速

对实船试验中的最小船速的规定为:应达到船舶海上速度的 85%,主机功率达到最大输出功率的 90%。

二、观测与记录

1.试验观测手段

随着测量技术的发展,传统方法已经基本被淘汰。目前,观测位置的手段主要为采用差分 GPS(DGPS),观测方向的手段主要为采用罗经或姿态测量仪等。随着信息技术的发展,实船试验测量获得的数据可以进行自动处理。

2.记录内容

每次船舶操纵性试验,都要求对有关的试验条件、试验观测数据进行记录。这些条件和数据包括:

(1)船舶数据:试验之前,要记录船舶首、尾吃水,以便计算船舶平均吃水、排水量和船舶纵向重心位置等。此外,还要记录试验的地理位置、试验水域,船舶的螺旋桨、舵以及侧推器的特性及运行情况。

(2)环境条件:水深、波浪(浪级、涌浪的周期及方向)、海流方向和流速、能见度以及其他气象、水文情况。

(3)试验数据:应对有关试验的数据进行观测,并以每次不超过 20 s 的间隔进行记录。这些数据包括时间、位置、航向、船速、舵角及转头速率、螺旋桨转速、螺旋桨螺距以及风速等,可使用表 1-1-1 和表 1-1-2 进行记录。

表 1-1-1　观测与记录数据 1

船名		船舶类型	
船舶总长		主机类型	
船宽		试验航速	
额定功率		额定转速	
试航水域		水深	
风速		风向	
能见度		天气状况	
海流方向		海流流速	
水域密度		船首吃水	
船中吃水		船尾吃水	

表 1-1-2　观测与记录数据 2

时间	纬度	经度	航向	船速	舵角	转头速率	螺旋桨转速	螺旋桨螺距	风速	风向	流向	流速

三、旋回试验

旋回试验是指在试验船速直航条件下,操左满舵舵角和右满舵舵角或设计最大舵角并保持,使船舶进行左、右旋回运动的试验。其目的是测定船舶旋回圈,从而确定船舶旋回要素,确定船舶旋回的迅速程度和所需水域的大小。

1.试验方法

(1)保持船舶直线定常航速。

(2)旋回之前一个船长时,记录初始船速、航向角及推进器转速等。

(3)发令,全速满舵向左或向右,并维持该舵角。

(4)随着船舶的转向,以每次不超过 20 s 的时间间隔,记录船位、航向、船速、舵角、转头速率、螺旋桨转速、螺旋桨螺距、风速等数据。

(5)在整个船舶旋回试验中,保持舵角、转速不变,直至船舶航向角旋回 360°以上(最好为540°),可结束一次试验。

2.旋回圈及特征参数

在旋回试验中,船舶重心所描绘的轨迹称为旋回圈。旋回圈是表示船舶旋回性能的重要指标。旋回圈越小,旋回性能越好。旋回试验图如图 1-1-1 所示。

Ship Name	xx	Wind Speed	7.5 m/s
Hull No.	xxxx	Wind Direction	040°
Class Register	LR	Draft TF(m)	10.88
Date	2019-xx-xx	Draft TM(m)	11.06
Shipyard	xx	Draft TA(m)	11.22
Sea Trial Area	South China Sea	Displacement(t)	49 208
Depth of Water(m)	75		

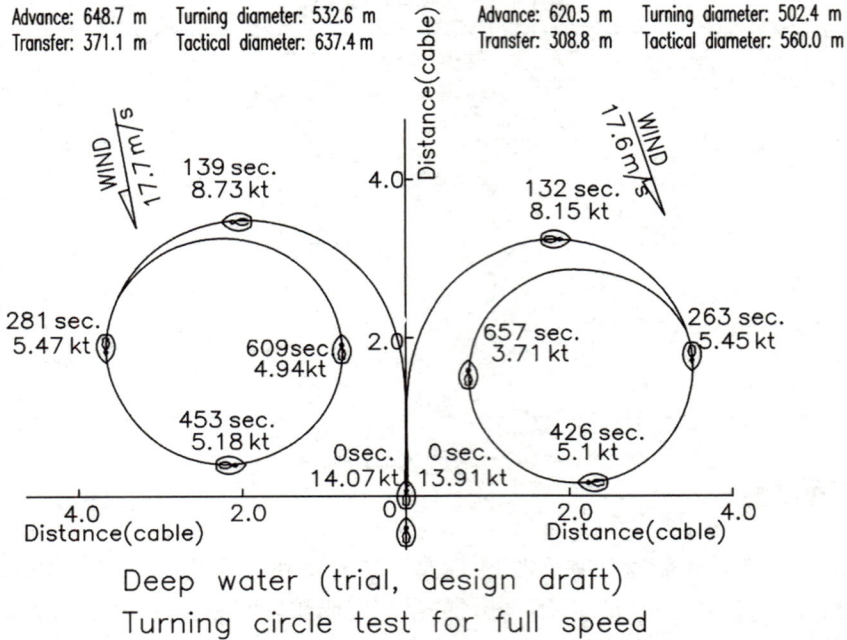

图 1-1-1　旋回试验图

3.影响旋回圈的因素（测试数据与实船数据的差别及其原因）

旋回圈的大小以及几何形状与方形系数、舵面积比等船型因素有关,也受装载状态、船速、螺旋桨转速、操舵以及水深、风、流等操船因素的影响。给定船舶在不同的装载状态下,船舶的吃水量、排水量差别较大,水下的船型也有较大的变化,对船舶旋回性的影响也较大。

四、冲程试验

冲程试验是指船舶在试验速度时进行停车或全速倒车,直至船舶对水完全停止的试验。其目的是评价船舶的停止惯性。

1.试验方法

（1）保持船舶直线定常航速;发令之前记录初始船速、航向角及推进器转速等。

（2）发令,将主机由全速进车转为停车或全速倒车。

（3）船舶开始减速,当船舶对水速度为 0 时（停车冲程以维持舵效的最小速度）,可结束一次试验。

2.特征参数

冲程试验结果可以图 1-1-2 的形式表示,其纵坐标为距离,横坐标也为距离。

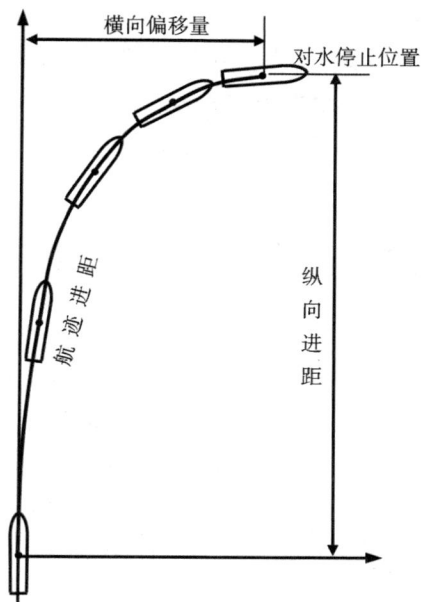

图 1-1-2　冲程试验结果

（1）纵向进距

纵向进距指船舶从发令倒车开始至船舶对水停止时在原航向上的纵向位移量。纵向进距是由船舶惯性作用而产生的位移。它是衡量船舶惯性的参数。

（2）横向偏移量

横向偏移量指船舶从发令倒车开始至船舶对水停止时在原航向上的横向位移量。横向偏移是由船舶倒车过程中螺旋桨的作用而产生的位移。其偏移方向与螺旋桨的转动方向有关：对于右旋螺旋桨，倒车时船舶向右横向偏移；对于左旋螺旋桨，倒车时船舶向左横向偏移。偏移量的大小与船舶的航向变化量有关。

（3）航迹进距

航迹进距指船舶从发令倒车开始至船舶对水停止时航迹所行进的距离。航迹进距俗称"冲程"，它也是一种衡量船舶惯性的参数。

（4）航向变化量

航向变化量指船舶从发令倒车开始至船舶对水停止时航向的改变量。航向变化是由船舶倒车过程中螺旋桨的作用而产生的转向。其转动方向与螺旋桨的转动方向有关：对于右旋螺旋桨，倒车时船舶向右转向；对于左旋螺旋桨，倒车时船舶向左转向。

3.影响冲程的因素

船舶单位排水量所分配的主机功率（BHPI）是衡量船舶快速性能和停船性能的重要指标。该值越大，不但船速越高，倒车功率相应越大，停船性能也越好。

对于给定船舶，影响紧急停船距离的因素主要有：

（1）船舶排水量。在其他条件相同的情况下，排水量越大，紧急停船距离越大。

（2）船速。若其他因素一定，船速越高，紧急停船距离越大。

（3）主机倒车功率、转速和换向时间。若其他条件相同，主机倒车转速越高，主机倒车功率越大,紧急停船距离越小;主机换向时间越短,紧急停船距离越小。

(4)船体的污底程度。船体污底越严重,船体阻力越大,紧急停船距离越小。

(5)外界条件。顺风、顺流时,紧急停船距离增大;顶风、顶流时,紧急停船距离减小;在浅水中由于船舶阻力增加,紧急停船距离较深水中小。

第二节　航次计划

(本节适用于 500 总吨及以上、未满 500 总吨船舶船长、大副、二/三副)

航次计划是船舶航行安全的基础,要求从出发港泊位/作业锚地开始到抵达港泊位/作业锚地为止。初步计划必须在开航前完成,并得到船长的批准;一旦航行计划发生变更,二副应及时更新航次计划,更新的航次计划经船长审核后,交驾驶员再次阅签,并保留原来的计划备查。《海船船员适任评估规范(2024 版)》中对航次计划有单独的评估课程,本节仅针对其中涉及本书所需的航线进行设计和评估。

一、航线设计编制原则

在进行航线设计时,应遵循以下编制原则:

1.根据题卡要求设计出完整的航线。

2.拟定航线设计时须考虑的因素包括但不限于:船舶的状态和条件、稳性及其设备;任何的操作限制;在海上和港内允许的吃水;操纵数据,包括任何限制条件等;如需要引航员,有关引航、登船和离船信息,包括船长和引航员间的信息。

3.航线设计中应考虑使用:适当比例尺、准确及最新的海图,以及任何有关的永久或临时航海通告和现有无线电航行警告;最新的航路指南、灯标表和无线电信号表;海流、潮汐图和潮汐表;气候、水文和海洋数据及其他适用的气象资料。

4.船舶航线应设计合理,在保证安全的前提下尽可能地采用推荐航线。

5.在留有足够的船底富余水深的同时,还必须留有足够的安全旋回水域,以保证船舶在实施避碰改变航向时,始终处于安全水域内。

6.如果航线经过水域上方有桥梁或架空电线电缆等,在进行航线设计时要考虑足够的安全余量。

7.根据船舶所处水域的环境和船舶操纵性能确定定位间隔。

基于以上信息,应对预定航线设计进行全面评估,评估时应清晰地标示所有危险区域,以及航行区域中与安全航行相关的,包括任何现有的航线或报告系统和船舶交通服务、任何海洋环境保护适用区域等。

二、航线设计编制内容

航线设计应至少包括以下内容:

1.航线的总里程和预计航行的总时间。

2.预计航线上的气象情况和海况。

3.各转向点的经纬度。

4.各段航线的航向、航程和预计达到转向点的时间。

5.复杂航段的航法以及对航线附近的危险物的避险手段。

6.特殊航区(受限水域、能见度不良水域)的注意事项。

7.船舶报告点和报告线。

8.海图图号及更换海图提示(如需要)。

9.如使用电子海图,应在电子海图上输入各航路点生成相应航线,设置好水深、抵达、偏航等报警,以便在航行中对该航线进行监控。

三、航线风险评估及应急预案

航线设计完成后应根据航线设计的编制原则及内容对本航次船舶航行可能存在的风险进行评估,结合航行水域情况及本船操纵特性,具有针对性地分析航行过程中可能发生的浅水效应、岸壁效应、船间效应等,造成船舶发生碰撞、搁浅、触礁等事故及风、浪、流等外部因素导致的船舶操纵困难等制定应急措施,包括应急锚地的选取(具体参考本书第三章)。

第三节　航前准备

(本节适用于500总吨及以上、未满500总吨船舶船长、大副、二/三副)

船舶开航前的备航工作是保障船舶适航及安全航行的基础。本节主要介绍与本书评估相关的航前准备的内容。

一、航前会议

按照评估流程,航线设计完成后应召开航前会议,主要由指挥人员传达本航次的航次任务,结合航区特点重点布置本航段的重点区域、航行安全注意事项和提出完成任务的措施要求,进行人员分工;各主管人员向指挥汇报航前准备和检查情况。

二、航前检查

驾驶台团队人员根据人员分工进行备航的各项工作。值班驾驶员应当会同值班轮机员(由控制台模拟)核对船钟、车钟,进行试舵、正倒车测试(测试之前应查看船尾附近是否有障碍物)。值班驾驶员还应检查和测试各项助航设备,完成后将情况记入航海日志及车钟记录簿内。表1-3-1为驾驶台开航前检查单。

表 1-3-1　驾驶台开航前检查单

船舶		航次		航线	
港口		日期		时间	

序号	项目	是/否/不适用
	航次计划	
1	泊位到泊位的航次计划已准备就绪,所用海图已改正到最新,比例尺适当(官方质纸版或电子版)	
2	航次计划经船长检查和授权	
3	航次计划已向驾驶台团队介绍	
4	航次计划显示在电子海图和/或其他电子助航仪器上,如适用	
5	最新的海图和航海出版物	
6	最新的航海通告(期号)	
	设备检查(开航前的测试和准备)	
7	通知机舱备车	
8	助航设备(包括雷达、GPS、AIS、VHF、测深仪、计程仪和汽笛等)均已开启和处于可用状态	
9	驾驶台船钟与机舱一致	
10	主机/推进器(正倒车)测试	
11	内部通信(特别是驾驶台到机舱/驾驶台到系泊位置)	
12	航行灯、号型和声号的检查及测试	
13	转速表和转头速率指示器	
14	侧推器(如适用)测试	
15	舵角指示器与舵叶实际位置是否一致(对舵)	
	港口和引航员	
16	船长/引航员信息交换检查单完成	
17	引航员卡备妥	
18	引航员登船时间确定	
19	引航员登船安排准备好	
20	港口和交管频道守听	
21	港口、交管和引航员任何特殊要求的建议	
22	引航水域检查单已完成	

1.操舵装置的开航前检查

　　每次开航前,驾驶员应会同轮机部门的相关人员对操舵装置的工作情况进行校核。轮机部要先做好对舵的准备,起动舵机,使油泵工作。甲板部要检查操舵装置的完好性,现场有无杂物,驾驶台和舵机间和通信是否畅通;应对舵,以确保舵角指示器读数的准确性;起动每部操舵装置,分别进行各种角度的对舵。

2.对舵方法

对舵的目的是判断舵的机械装置、传动装置、控制装置及舵角指示器等其他工作系统的可靠性、准确性、运转速度及平稳性。

(1)驾驶员用电话或无线电话与舵机间(由控制台模拟)取得联系。

(2)让操舵人员在驾驶台扳动舵轮,先使舵杆指示器的指针指0°,观察舵机间的舵角是否也在"0"位,然后操舵人员听令,分别连续地做左(右)5°、15°、25°、35°操舵和回舵,即随动舵校对完毕。

(3)进行应急操舵的校对,即从正舵开始,向右(左)满舵进行一次,回舵即可。应急操舵对舵完毕后,驾驶员应提醒操舵人员把操舵转换开关转换到随动舵位置。

第四节　航次计划及航前准备评估练习题

本评估练习题实例把所有级别的评估要素进行整合,以大连港进港为例编制题卡,对航次计划及航前准备进行实操。

一、航线设计评估范例

(本部分适用于 500 总吨及以上、未满 500 总吨船舶船长、大副、二/三副)

(一)评估方式

以大连港进港靠泊18#泊位为例,使用航海模拟器进行评估。船舶资料如下:

船名	KangHe
呼号	BOSD
类型	Container
载态	F
船长(m)	259
船宽(m)	32
吃水(m)	9.5
设计船速(kn)	16
排水量(t)	43 067

(二)任务描述

模拟器由控制台加载预设题卡,本船初始速度为 5 kn、初始航向为 000°、初始船位(38°51.17′N,

121°47.29′E),位于大连港附近水域(预设能见度 15 n mile,风向 045°、风速 6 m/s,海流流向 000°、流速 1 kn),计划抵达大连港 18#泊位(38°56.12′N,121°39.40′E)靠泊。航行过程中要求在引航站接送引航员;正横 H_0 灯船向 VTS 报告;进入防波堤后系带拖船。

本船室提供本船相关船舶资料;具有与航线匹配的纸质海图及作图工具;提供航次计划表模板。

(三)操作要求

三位申考船长的考生(A、B、C)一组,分别模拟担任船长、驾驶员和操舵水手;驾驶员负责在电子海图上设置航线;船长对航线进行风险评估,编制应急预案;操舵水手开启和检查各种航行设备,并测试车舵;考生相互检查确认分工任务的完成情况;完成时间不超过 15 min。

航行水域及设计航线图如图 1-4-1 所示。

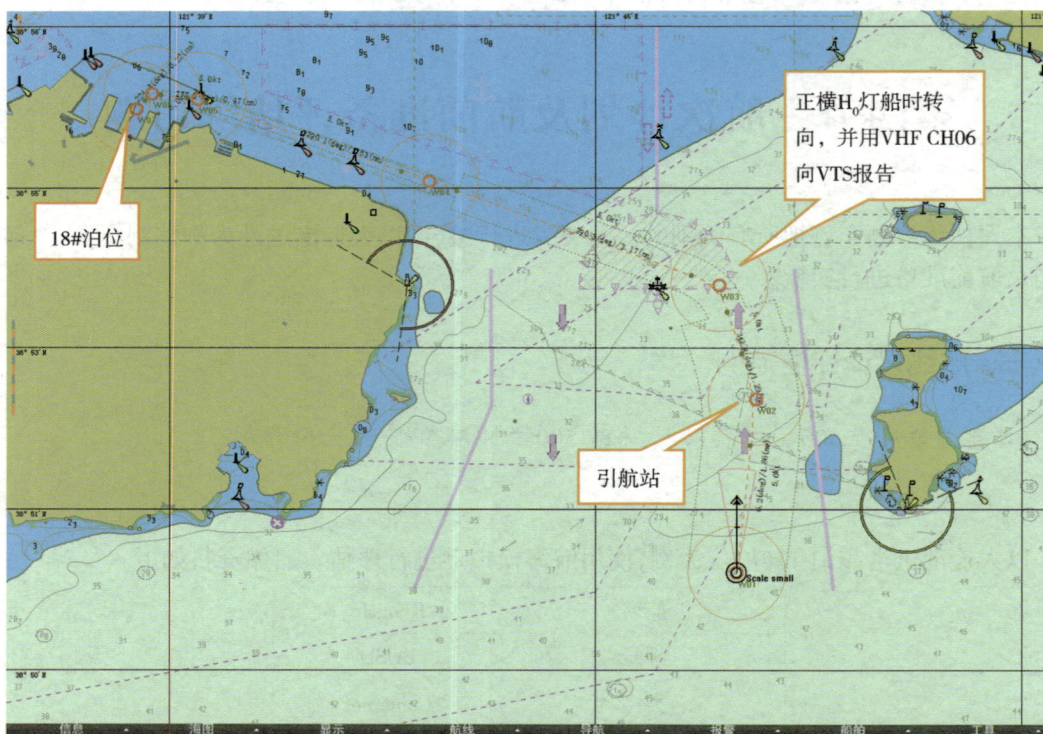

图 1-4-1　航行水域及设计航线图

(四)评估要素、评价标准与注意事项

表 1-4-1 为评估要素、评价标准与注意事项。

表 1-4-1　评估要素、评价标准与注意事项

评估要素	评价标准	注意事项
1.设计航线	1.能根据题卡要求设计出完整的航线。 2.在电子海图上输入各航路点,生成相应航线,设置好水深、抵达、偏航等报警,对该航线进行监控	1.设计航线时需要设置好适当的旋转半径、航道宽度(航道宽度内应无碍航物),并做好适当的航线标注。 2.需要设置好水深、抵达、偏航等报警,以便对该航线进行监控
2.航线风险评估及应急预案(适用于 500 总吨及以上、未满 500 总吨船舶船长、大副)	1.能对本航次船舶航行可能存在的风险进行评估,包括但不限于以下项目: (1)浅水效应、岸壁效应、船间效应等造成船舶发生碰撞、搁浅、触礁等事故; (2)风、浪、流等外部因素导致的船舶操纵困难。 2.根据风险评估结果,对最可能出现的风险制定应急措施;应急措施应结合航行水域情况及本船操纵特性,具有针对性	1.对本航次船舶航行可能存在的风险进行详细全面评估。 2.制定风险应急措施时,应结合航行水域情况及本船操纵特性,具有针对性
3.检查和测试航行设备	所有航行设备(包括雷达、GPS、AIS、VHF、测深仪、计程仪和汽笛等)均已开启和处于可用状态,对舵,通知机舱备车	1.要检查和测试所有的航行设备。 2.测试主机和对舵时,要首先确认船尾附近清爽、无碍航物

(五)实操过程

1.设计航线

(本部分适用于 500 总吨及以上、未满 500 总吨船舶船长、大副、二/三副)

(1)第一个转向点为初始船位;

(2)第二个转向点设置在引航站的位置,便于计算到达引航站的 ETA;

(3)第三个转向点设置在 H_0 灯船的右正横位置,便于利用正横 H_0 灯船进行转向(根据《大连 VTS 用户指南》的规定,船舶正横 H_0 灯船时,要向 VTS 报告);

(4)第四个转向点设置在进港航道入口,便于根据航道情况设置不同航段的航道宽度;

(5)第五个转向点设置在防波堤处,且设置在航道中央;

(6)第六个转向点设置在港池内,便于港池内靠泊操纵和系带拖船;

(7)第七个转向点设置在 18#泊位,即航线终点。

以上航线设计需根据不同航行环境设置适当的旋转半径,便于航行操纵。

航路点列表如表 1-4-2 所示。

表1-4-2   航路点列表

编号 No.	转向点 Point of A/C	真航向 True Co.	航程/累计 Dist./Total	海图图号 Chart No.	备注 Remarks
1	38°51.17′N，121°47.29′E			3697	初始船位
2	38°53.02′N，121°47.55′E	006	1.9/1.9	3697	引航站
3	38°54.25′N，121°47.06′E	343	1.3/3.2	3697	VTS报告点
4	38°55.35′N，121°43.25′E	290	3.2/6.4	3697	
5	35°56.22′N，121°40.20′E	290	2.5/8.9	3697	防波堤口门
6	38°56.28′N，121°39.60′E	277	0.5/9.4	3697	带拖船点
7	38°56.12′N，121°39.40′E	224	0.2/9.6	3697	18#泊位

2.航线风险评估及应急预案

（本部分适用于500总吨及以上、未满500总吨船舶船长、大副）

表1-4-3为风险评估、预防措施及应急预案。

表1-4-3   风险评估、预防措施及应急预案

风险评估	预防措施及应急预案
1.由于浅水效应造成船舶发生搁浅、触礁等	1.在大连湾1#~3#浮北侧有浅水区，应勤测船位，使船舶保持在进港航道内航行。 2.正确使用测深仪，并正确设置UKC报警值。 3.万一发生搁浅、触礁等事故，遵照船舶搁浅应急预案进行妥当处理
2.由于岸壁效应造成船舶触碰岸壁等	1.在防波堤入口处，尽可能保持在航道中央行驶。 2.进防波堤口时船速应控制在5kn左右。 3.在靠泊过程中充分注意岸吸力、岸推力矩和弹性效应的影响，充分利用拖船安全靠泊
3.由于船间效应造成船舶碰撞	1.尽量避免在狭窄弯段或浅滩处等复杂航段追越或对驶，根据《大连港大连湾水域船舶航行安全暂行规定》，船舶进出港应在航道内航行，各航道实行船舶单向航行，船舶在航道内航行速度不得超过8kn，且禁止追越。 2.在可以追越的航段内，如追越应尽量保持足够的横距，减少船间效应。 3.在追越过程中一旦出现明显的相互作用而有碰撞的危险时，则两船均应充分运用良好船艺，避免碰撞事故发生。 4.不要在防波堤口处会船。 5.万一发生船舶碰撞事故，遵照船舶碰撞应急预案进行妥当处理
4.由于大风浪、强横流等外部因素使船舶发生偏转、操纵困难，甚至发生触碰浮标、船舶碰撞、搁浅、触礁等事故	1.适当加大舵角或增加船速，运用良好船艺操纵船舶。 2.预判大风浪、强横流等外部因素影响，如需要，请求拖船协助操纵。 3.根据VTS的指示抛锚避风，或者取消靠泊计划。 4.万一发生碰撞、搁浅、触礁等事故，遵照相应的应急预案进行妥当处理

续表

风险评估	预防措施及应急预案
5.能见度不良造成碰撞风险、定位困难、偏航风险等	1.通知船长,增派瞭望人员,必要时备锚航行,改用手操舵。 2.显示航行灯,并通知机舱。 3.按照规定鸣放雾号,注意守听雾号,检查 VHF、AIS 等助航设备正常可用,并注意守听和观测。 4.按规定发布航行警告。 5.谨慎驾驶,将安全措施载入航海日志
6.通航密集(包括渔船),发生碰撞的风险	1.保持正规瞭望。 2.使用安全航速航行,确保 AIS 信息正确且工作正常。 3.应遵守《1972 年国际海上避碰规则》(以下简称《规则》),避让时坚持"早、大、宽、清"。紧急避让时,除用舵避让外,应同时考虑减速停车避让。避让行动要充分考虑周围环境,以免造成与其他船舶的紧迫局面。 4.警惕因渔船近距离的不协调行动而发生碰撞。发现需紧急避让的渔船,可用探照灯闪烁至少 5 次,或用连续声号引起渔船注意
7.分道通航制、狭水道、进港航行的风险	1.严格遵守港口规定,采用安全航速,禁止追越的区域不得追越他船。 2.遵守分道通航制的规定,及时收听航行警告,掌握潮汐潮流信息,准确定位,尽可能保持航道内航行。 3.保持正规瞭望,开启雷达、GPS、AIS、测深仪等助航仪器,正确判断碰撞危险,采取正确的避免碰撞的行动,谨慎驾驶。 4.注意守听 VTS 频道,遵守 VTS 规定,加强 VHF 联系,避让时做到"早、大、宽、清"

3.检查和测试航行设备

在开航前,首先通知机舱备车,负责人员必须检查和测试所有航行设备(包括雷达、GPS、AIS、VHF、测深仪、计程仪和汽笛等)均已开启和处于可用状态,对舵、对时、对车钟(如船舶配置侧推器也应进行测试)。

4.航前会议

本航次从本船初始位置开始,驶往 18#泊位并完成靠泊操作。本船初始速度为 5 kn,初始航向为 000°,航行距离约 9.6 n mile。船舶首先在分道通航制内航行,严格遵守《规则》第 10 条分道通航制的相关规定。开航后联系大连引航站,确认引航员登离船时间和地点,以及引航梯安放要求,到达引航站位置后,按照要求操纵船舶安全地接送引航员。船舶正横 H₀ 灯船时要转向,同时根据《大连 VTS 用户指南》向 VTS 进行报告。

船舶转向后进入警戒区,可能遇到交叉相遇的船舶,航行态势复杂,应注意瞭望,谨慎驾驶。在进港航道航行时要保持在航道中线谨慎驾驶,注意风、浪、流的影响,不要偏离航道进入浅水区。进入防波堤后根据要求带好拖船,进行靠泊操纵,各岗位人员要密切配合,安全操作。

在整个进港航行的过程中,可能遇到能见度不良、人员落水、失控、碰撞甚至搁浅等应急情况,要按照应急程序采取适当操作,保证顺利完成作业任务。现在进行人员分工:第一名考生担任指挥,第二名考生担任驾驶员,第三名考生担任操舵水手(注:操舵水手不能兼任瞭望人员或其他工作）。请驾驶员汇报航线设置情况,操舵水手汇报航行设备检查情况,相互检查确认后开始航行。

二、旋回试验

（本部分适用于 500 总吨及以上船舶船长）

（一）执行旋回测试并观测记录

在操作过程中,还可进行旋回测试（也可由评估员确定以口述方式完成）。首先选择符合要求的试验水域,做好准备工作后,即可根据旋回试验的程序进行试验。

在试验过程中,船舶为压载状态,最大吃水为 7.5 m,试验水深为 55 m（满足试验水深要求）,风向为 045°,风速为 6 m/s,海流方向为 000°,海流流速为 1 kn。100400 时在全速情况下发令右满舵。观测与记录数据如表 1-4-4 和表 1-4-5 所示。

表 1-4-4 观测与记录数据 1

船名	KangHe	船舶类型	Container
船长	259 m	主机类型	Diesel Engine
船宽	32.2 m	试验航速	16.4 kn
额定功率	27 000 kW	额定转速	70 r/min
试航水域	Huanghai	水深	55 m
风速	6 m/s	风向	045°
能见度	15 n mile	天气状况	Blue Sky
海流方向	000°	海流流速	1 kn
水域密度	1.025	船首吃水	7.5 m
船中吃水	7.5 m	船尾吃水	7.5 m

表 1-4-5 观测与记录数据 2

时间 （时分秒）	纬度	经度	航向	船速 （对地） 单倍	舵角	转头 速率 （°/min）	螺旋桨 转速 （r/min）	螺旋桨 螺距	风速 （m/s）	风向
100300	38°39.27′N	123°03.91′E	000	16.4	0°	0	70	不适用	6	NE
100320	38°39.36′N	123°03.91′E	000	16.4	5°	0	70	不适用	6	NE
100340	38°39.45′N	123°03.91′E	000	16.4	15°	0	70	不适用	6	NE
100400	38°39.54′N	123°03.91′E	000	16.4	25°	0	70	不适用	6	NE
100420	38°39.63′N	123°03.91′E	004	15.8	35°	28.1°	70	不适用	6	NE
100440	38°39.72′N	123°03.91′E	016	14.3	35°	41.3°	70	不适用	6	NE
100500	38°39.79′N	123°03.94′E	030	12.8	35°	42.2°	70	不适用	6	NE
100520	38°39.85′N	123°03.97′E	044	11.6	35°	40.7°	70	不适用	6	NE

续表

时间 （时分秒）	纬度	经度	航向	船速 （对地 单倍）	舵角	转头 速率 （°/min）	螺旋桨 转速 （r/min）	螺旋桨 螺距	风速 （m/s）	风向
100540	38°39.90′N	123°04.02′E	057	10.7	35°	39.1°	70	不适用	6	NE
100600	38°39.94′N	123°04.07′E	070	10.1	35°	38.1°	70	不适用	6	NE
100620	38°39.96′N	123°04.14′E	083	9.7	35°	37.3°	70	不适用	6	NE
100640	38°39.98′N	123°04.20′E	096	9.4	35°	36.8°	70	不适用	6	NE
100700	38°39.98′N	123°04.27′E	107	9.1	35°	36.6°	70	不适用	6	NE
100720	38°39.97′N	123°04.33′E	120	9.0	35°	36.4°	70	不适用	6	NE
100740	38°39.96′N	123°04.39′E	132	8.9	35°	36.3°	70	不适用	6	NE
100800	38°39.93′N	123°04.44′E	144	8.8	35°	36.1°	70	不适用	6	NE
100820	38°39.89′N	123°04.48′E	156	8.7	35°	36.0°	70	不适用	6	NE
100840	38°39.85′N	123°04.52′E	168	8.6	35°	35.8°	70	不适用	6	NE
100900	38°39.81′N	123°04.54′E	180	8.6	35°	35.6°	70	不适用	6	NE
100920	38°39.76′N	123°04.54′E	191	8.6	35°	35.5°	70	不适用	6	NE
100940	38°39.71′N	123°04.54′E	203	8.6	35°	35.4°	70	不适用	6	NE
101000	38°39.67′N	123°04.52′E	215	8.6	35°	35.4°	70	不适用	6	NE
101020	38°39.63′N	123°04.49′E	227	8.7	35°	35.4°	70	不适用	6	NE
101040	38°39.59′N	123°04.45′E	239	8.7	35°	35.4°	70	不适用	6	NE
101100	38°39.56′N	123°04.40′E	250	8.8	35°	35.4°	70	不适用	6	NE
101120	38°39.54′N	123°04.34′E	262	8.8	35°	35.4°	70	不适用	6	NE
101140	38°39.53′N	123°04.28′E	274	8.9	35°	35.4°	70	不适用	6	NE
101200	38°39.53′N	123°04.21′E	286	9.0	35°	35.3°	70	不适用	6	NE
101220	38°39.54′N	123°04.15′E	298	9.1	35°	35.1°	70	不适用	6	NE
101240	38°39.56′N	123°04.09′E	309	9.2	35°	34.4°	70	不适用	6	NE
101300	38°39.59′N	123°04.04′E	321	9.2	35°	34.7°	70	不适用	6	NE
101320	38°39.63′N	123°03.99′E	332	9.3	35°	34.6°	70	不适用	6	NE
101340	38°39.67′N	123°03.95′E	344	9.3	35°	34.5°	70	不适用	6	NE
101400	38°39.72′N	123°03.93′E	355	9.3	35°	34.4°	70	不适用	6	NE
101408	38°39.74′N	123°03.93′E	360	9.3	35°	34.4°	70	不适用	6	NE
101420	38°39.77′N	123°03.92′E	007	9.3	35°	34.4°	70	不适用	6	NE
101440	38°39.82′N	123°03.91′E	018	9.3	35°	34.4°	70	不适用	6	NE
101500	38°39.87′N	123°03.93′E	030	9.3	35°	34.6°	70	不适用	6	NE

续表

时间 （时分秒）	纬度	经度	航向	船速 （对地） 单倍	舵角	转头 速率 （°/min）	螺旋桨 转速 （r/min）	螺旋桨 螺距	风速 （m/s）	风向
101520	38°39.92′N	123°03.95′E	042	9.2	35°	34.8°	70	不适用	6	NE
101540	38°39.96′N	123°03.99′E	053	9.2	35°	35.0°	70	不适用	6	NE
101600	38°40.00′N	123°04.03′E	065	9.1	35°	35.2°	70	不适用	6	NE
101620	38°40.03′N	123°04.08′E	077	9.0	35°	35.4°	70	不适用	6	NE
101640	38°40.05′N	123°04.14′E	088	8.9	35°	35.6°	70	不适用	6	NE
101700	38°40.06′N	123°04.20′E	100	8.9	35°	35.7°	70	不适用	6	NE
101720	38°40.06′N	123°04.27′E	112	8.8	35°	35.8°	70	不适用	6	NE
101740	38°40.04′N	123°04.33′E	124	8.7	35°	35.9°	70	不适用	6	NE
101800	38°40.02′N	123°04.38′E	136	8.7	35°	35.9°	70	不适用	6	NE
101820	38°39.99′N	123°04.43′E	148	8.6	35°	35.9°	70	不适用	6	NE
101840	38°39.96′N	123°04.47′E	160	8.6	35°	35.8°	70	不适用	6	NE
101900	38°39.91′N	123°04.50′E	172	8.6	35°	35.6°	70	不适用	6	NE
101920	38°39.88′N	123°04.51′E	180	8.6	35°	35.5°	70	不适用	6	NE

（二）评价分析旋回试验结果

　　根据以上观测与记录的试验数据，结合海图数据，绘制船舶的旋回圈（本试验测试旋回圈如图 1-4-2 所示），并测出旋回的各项数据，包括旋回初径、旋回直径、进距、横距等。然后与操纵信息上的船舶旋回圈（满载状态实船旋回圈如图 1-4-3 所示）要素进行比对，分析试验数据与实船数据的差别及原因。表 1-4-6 为实操数据与实船数据对比表。表 1-4-7 为实操数据与实船数据误差分析表。

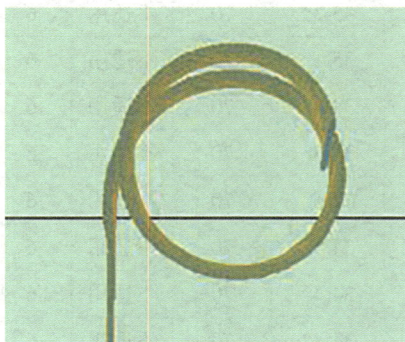

图 1-4-2　测试旋回圈

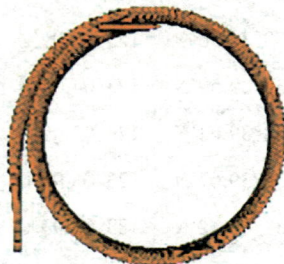

图 1-4-3　满载状态实船旋回圈

表 1-4-6　实操数据与实船数据对比表

序号	要素	实操数据(压载)	实船数据(满载)	差别
1	旋回初径	926 m	1 057 m	−12.4%
2	旋回直径	882 m	996 m	−11.4%
3	进距	787 m	848 m	−7.2%
4	横距	380 m	431 m	−11.8%
5	航速(0)	16.4 kn	16.02 kn	0.38 kn
6	航速(90)	9.5 kn	10.60 kn	−1.1 kn
7	航速(180)	8.6 kn	9.70 kn	−1.1 kn
8	航速(360)	9.3 kn	9.50 kn	−0.2 kn
9	时间(90)	150 s	155 s	−5 s
10	时间(180)	300 s	310 s	−10 s
11	时间(360)	608 s	625 s	−17 s

　　本试验旋回初径比实船数据小 12.4%,试验旋回直径比实船数据小 11.4%,试验进距比实船数据小 7.2%,试验横距比实船数据小 11.8%。出现这些差别的主要原因是:本试验数据为压载状态,前后吃水均为 7.5 m;实船数据为满载状态,前后吃水均为 9.5 m。船舶吃水减小,导致旋回初径、旋回直径、进距和横距均减小。

表 1-4-7　实操数据与实船数据误差分析表

差别	载态		初始船速		操舵时间		环境因素	
	实操船	实船	实操船	实船	实操船	实船	实操船	实船
	压载 平吃水 7.5 m	满载 平吃水 9.5 m	船速 16.4 kn	船速 16.02 kn	操舵时间 13 s	操舵时间 12 s	风向045° 风速 6 m/s 海流方向000° 海流流速 1 kn	无风无流
1.试验旋回初径比实船数据小 12.4%	导致本试验旋回初径减小		影响不大		影响不大		改变旋回圈大小和几何形状	
2.试验旋回直径比实船数据小 11.4%	导致本试验旋回直径减小		影响不大		无影响		改变旋回圈大小和几何形状	
3.试验进距比实船数据小 7.2%	导致本试验进距减小		影响不大		操舵时间差异较小,影响不大		改变旋回圈大小和几何形状	

续表

差别	载态		初始船速		操舵时间		环境因素	
	实操船	实船	实操船	实船	实操船	实船	实操船	实船
	压载平吃水 7.5 m	满载平吃水 9.5 m	船速 16.4 kn	船速 16.02 kn	操舵时间 13 s	操舵时间 12 s	风向 045° 风速 6 m/s 海流方向 000° 海流流速 1 kn	无风无流
4.试验横距比实船数据小 11.8%	导致本试验横距减小		影响不大		影响不大		改变旋回圈大小和几何形状	
5.试验旋回中船速下降幅度比实船数据大	导致本试验旋回降速系数大		影响不大		影响不大		改变旋回圈大小和几何形状	
6.试验旋回时间比实船数据短	导致本试验旋回时间短		影响不大		影响不大		改变旋回圈大小和几何形状	

第二章

航行值班

第一节 进出港航行

进出港是船舶从航行状态转为停泊状态或由停泊状态转为航行状态的必经过程。由于船舶慢速航行,控制航向的能力低,水域、水深受限,通航密度增大,增加了船舶碰撞、搁浅的概率,需要驾引人员掌握船舶的操纵特点和相应的操船对策,以利安全。

一、备车与减速

船舶由沿海水域驶入港口水域并向停泊位置接近的过程中,由于港内航行需要频繁改变船速,因此,首先要进行备车。处于备车航行状态时,船舶是否降速取决于船舶距停泊位置的距离、船舶吨位、操纵性、通航环境以及船型种类等因素。

1.中小型船舶通常在距离停泊位置约 5 n mile 时或提前 1 h 进行备车。

2.大型油船与散货船,特别是超大型油船与散货船由广阔水域驶入泊位时,由于排水量大,相对主机功率低,其备车减速的时机要比其他种类船早。

当距离泊位 1.5 n mile 时,大型船舶的速度一般应小于 4 kn;当距离泊位 0.5 n mile 时,速度需控制在 2 kn 左右;当距离泊位 1 倍船长时,速度不大于 1 kn。在满载情况下,如采用微速倒车,可将前行余速 1 kn 左右的船舶在 1 倍船长的距离内把船停住。如采用后退一或后退二,则停船时间将会相应缩短。

3.大型集装箱船由于其配备主机的马力大、操纵性能也比较好,所以这类船舶的船速控制比大型油船与散货船方便。船舶进港靠泊前船长和引航员应充分了解本船的减速程序,并加以合理准确运用。

二、接送引航员时的操船方法

（本部分适用于 500 总吨及以上船舶船长）

为维护港口秩序和保障船舶安全，一般港口都对进出港的国际航线的船舶实行强制引航制度。此情况下，在船舶进出港过程中，安全接送引航员成为船长的重要责任之一。

引航员登离船装置是影响引航员登离船安全的因素之一。2010 年 12 月 3 日，MSC 第 88 次会议上，通过了第 308 号关于《SOLAS 公约》修正案的决议，该决议自 2012 年 7 月 1 日起生效。国际海事组织（IMO）和国际引航协会（IMPA）按照《SOLAS 公约》第 V 章第 23 条和 IMO 决议 A.1045（27）更新了引航员登离船装置。更新后的引航员登离船装置要求示意图如图 2-1-1 所示。

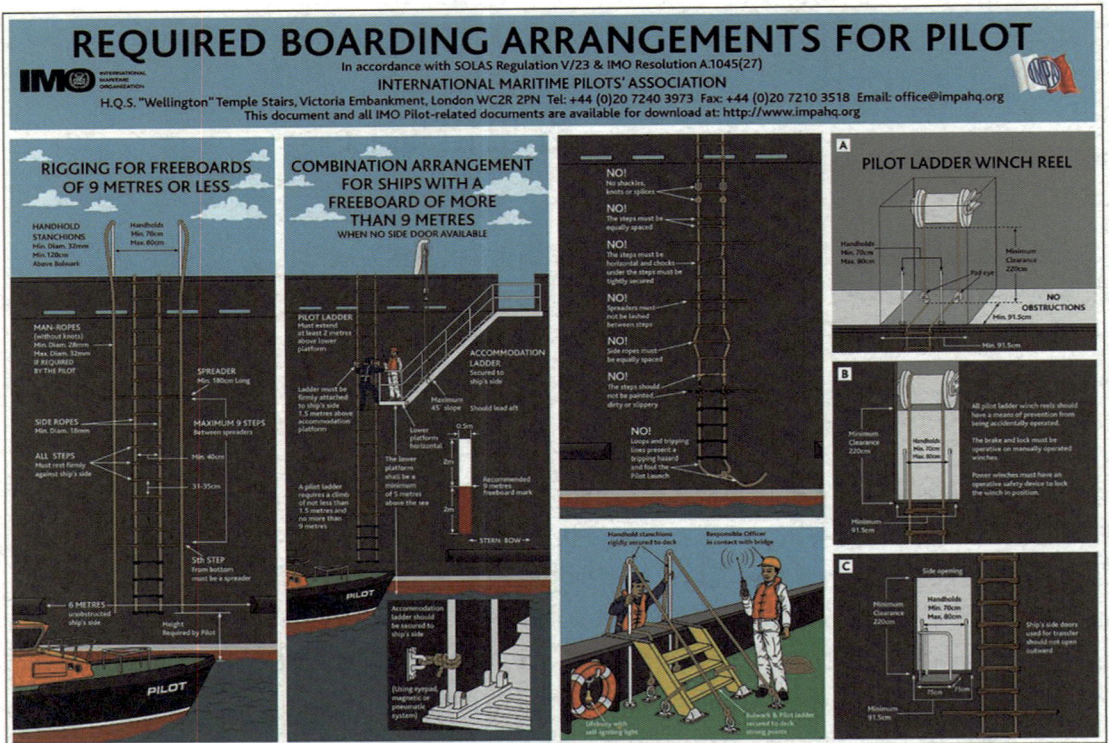

图 2-1-1　引航员登离船装置要求示意图

在到达引航员登船地点前，船长应向船员布置有关引航员登离船的安全措施，要求作业人员两人及以上，携带通信设备，戴安全帽、穿救生衣等个人防护用具；引航梯须按照要求布置，并做好登离船安全防护。

三、引航员登离船时的船舶操纵要点

引航员登离船时船舶的运动状态也是影响引航员安全的因素之一。船舶在锚地接送引航员无须讨论船舶动态问题,比较而言,航行中接送引航员的风险较大,而且由于引航员登离船时的水域往往通航密度较大,更要引起足够重视。引航员登船前,除了要做好装置的安放和检查外,还要较精确地控制船舶动态,其操纵要点如下:

(1)调整进港船速,准确预报和控制抵达引航员登船点的时间。过早或过晚都不利于船舶安全,尤其是船舶过早抵达引航地点而引航员还未抵达,因水域狭窄,往往会造成被动局面。

(2)根据引航员的要求,调整航向,通常将引航员梯或舷梯放在下风舷侧,以利用船体的遮蔽作用减小下风舷侧的风浪。在引航员上下船时,应保持航向和航速。

(3)调整船速(或按引航员要求保持其登船速度),以适应引航船或拖船的并靠,但有强横流影响时,船速不宜过低,以免漂移过大而造成搁浅,一般以保持舵效的船速为准。

(4)能见度不良时,本船位置不易被引航船识别,必要时开启雷达为引航船导航并鸣放合适的声号供引航船识别。

(5)引航船附近往来船舶交通密集,应加强瞭望,注意及时用 VHF 与 VTS 和他船取得联系并及时避让。

(6)引航员登离船的最佳时机是当引航船在风浪中摇摆到最高点时。因被引船比引航船大得多,故被引船的摇摆可不计入。换言之,引航员必须等待引航船处于波峰的时机,立即采取行动登船或离船,其他时机行动容易发生危险。

第二节　特殊水域航行

(本节适用于 500 总吨及以上、未满 500 总吨船舶船长、大副、二/三副)

特殊水域主要包括狭水道、分道通航制水域、VTS 管辖区域、通航密集水域、冰区、桥区、特别敏感区域以及其他限制区域。本节主要从船舶操纵的角度介绍狭水道、分道通航制和 VTS 管辖区域的操船要点及注意事项。

一、狭水道中的操船要点及注意事项

首先要进行狭水道的全面调查,其次采用正确的避险方法和导航方法,保证船舶行驶在计划航线上,最后要准确掌握转向点,应根据船舶所受风、流情况,正确选择转向依据和转向时的船位,按所处的地理环境和弯势等适当用车、用舵使船驶在新的航线上,要根据实际情况正确掌握转向时机。在狭水道中操船要注意以下事项:

1.根据情况需要适时备车、备锚,必要时需不间断测深。

2.用各种有效手段保持正规瞭望,对可能出现的不点灯小船、违章航行船舶、航标异常、水深变浅等情况,要保持足够戒备。

3.使用安全航速或管辖区域主管部门规定的航速,要求"车让为主,舵让为辅",备车备锚航行,并随时做好使用倒车和抛锚的准备。

4.随时确认船位,注意是否偏离航线,正确配置风流压,合理使用平行避险线,预防搁浅、碰撞等事故的发生。

5.在浅水域航行,估计船舶富余水深不足时,应选高潮时通过,必要时应降速航行以减少艉倾。应尽量避免在该类水域追越他船,以免因海底不平或倾斜产生较大偏航,操舵时应尽量做到预防在先、充分预防。

6.实施追越前应对追越产生的风险做出预估,在避免追越航段、禁止追越航段、航道狭窄无法保证足够安全追越横距航段、大幅度转向航段等水域不应实施追越操作。在评估实施追越操作是否可行时应遵循以下原则:水域宽阔、航道顺直,环境良好、无碍他船,前船同意、动作协调。

7.在会遇和追越时要特别注意船间效应对船舶操纵的影响,与他船保持足够的横距,靠近岸壁航行时要注意岸壁效应的影响,避免因船舶摇摆导致岸壁触碰或由此引发船舶碰撞。

8.距岸较近高速行驶,船行波将引发沿岸系泊船的剧烈摇摆运动,导致系泊船船体受损或缆绳绷断,因此,在此类情况的狭水道中航行时须减速通过。

9.守听 VHF,及时接收 VTS 指令及船舶动态、航行警告、水文气象等信息;按报告制度的要求向有关方报告,与他船保持有效的避让联系。

10.根据实际情况,及时进行手操舵,航向未把定或正在避让时不得交接班。

11.夜间或雾中行驶于狭水道时,因视线较差往往兼用雷达进行瞭望。狭水道内用 ARPA 协助瞭望,尽管 ARPA 可给出有关碰撞危险的信息并将其显示出来,但仍应在确认附近实际情况之后才可进行避让操纵,特别是大角度转向操纵更应引起足够重视。

驾驶台团队应充分了解在沿海或受限水域航行时危险性增加,保持良好情景意识。值班驾驶员应参照执行表 2-2-1 狭水道航行检查单。

表 2-2-1　狭水道航行检查单

序号	检查项目	是/否
1	阅读进港指南,了解并遵守港口规定	
2	了解即将通过狭水道的禁航能见度和其他规定	
3	最小富余水深的规定:　　　　　　　　m	
4	特别要求显示的号灯:　　　　　号型:	
5	所有海图(电子海图)和将使用的有关航海图书资料已改正至最新	
6	相关海图为最大比例尺	
7	熟悉相关海图和航行方法	
8	航海通告、航行警告接收至最新并已改正	
9	在进入狭水道前,已考虑以下因素:	
9.1	航路指南中的有关建议:	
9.2	船舶吃水(海水:　　　　　淡水:　　　　　　　)	
9.3	船舶在浅水中船体下沉量对船底富余水深的影响: 船体下沉量最大值:　　　　　m;速度:　　　　kn 最浅点位置或航段:　　　　水深:　　　　m	
9.4	潮汐和潮流	

续表

序号	检查项目	是/否
9.5	大潮汛、强流对本船航行、掉头、抛锚操作的影响	
9.6	天气海况和能见度	
9.7	助航标志移位的可能性	
9.8	尽可能远离航海危险物	
9.9	复杂航区、警戒区的特点	
9.10	通过关键航海危险区域(物)的时间(白天/夜间)	
9.11	船舶流向、船型、通航密度等	
9.12	有关分道通航及定线制的任何要求	
9.13	遵守区域报告制度	
9.14	船舶定位按照规定时间间隔进行,必要时缩短时间间隔,用多种手段定位,保持在航道内行驶	
9.15	经常比对陀螺罗经和磁罗经,了解本船罗经误差	
9.16	紧急情况下可供应急抛锚的锚位	
10	VHF 守听频道:　　　　　　　　　　　VHF 工作频道:	
11	VHF 保持监听,及早与他船沟通,协调避让行动	
12	充分利用 AIS	
13	驾驶台水手到位,进出狭水道前备车,并检查舵机和测试主机	
14	船长按照狭水道值班等级要求在驾驶台值班,必要时船长可指示增加驾驶员值班	
15	按照《规则》使用安全航速	

二、分道通航制中的操船要点及注意事项

在分道通航制中操船,航线标绘要顺着船舶的总流向,并取分道的中线;同时要认真瞭望,注意连续定位;在转向、交叉警戒区内要小心谨慎,并采用安全航速;及时用 VHF 沟通联系、协同避让。在分道通航制中操船要注意以下事项:

1. 及时收听和改正航海通告,研究、核查最新海图,特别注意水深、浮标的变动情况,熟悉分道通航制和交通管制及其附近水域的各种情况。

2. 备车航行,以便随时控制航速,根据情况加派瞭头。

3. 检查船舶操舵系统、声光信号设备、助航仪器是否正常,以确保安全。

4. 严格遵守分道通航制和交通管制等各种航行规定;遵守船舶报告制度,并保持 VHF 守听。

5. 近岸航行应减速,防止浪损。

6. 确认船位,走规定的通航分道,尤其是在横流地段,更应经常观察前后方物标,及早发

觉偏航并纠正;同时注意接收"YG"(你船似乎未遵守分道通航制)信号。

7. 大风浪常造成浮标移位、漂失或灯光失常、熄灭,故航行中对浮标不应盲目信赖,可利用前后浮标之间的方位及本船的航向或其他浮标、陆标进行定位核对。

8. 通过每一浮标时均要进行核对,记下其名称与正横时刻,以防错认或遗漏。根据前一浮标距离和航速推算到达下一个浮标所需的航行时间。同时根据船与浮标之间的横距来确定下一个航向,或者采用推迟或提早转向的办法,使船舶驶在预定航线上。转向后还必须核对下一个浮标的相对方位或舷角,以防认错。

9. 应选择视线良好、平流、交通较疏的时刻通过涨落流较强的区域,航行中应掌握流向、流速及其变化,正确配以流压差。

10. 夜航或能见度不良时应加强瞭望并开启雷达或 ARPA,避让时仍需再次确认水面环境和情况;在采取避让行动时,船舶必须遵守《规则》相关条款的规定。

11. 驶于浅水区域应连续测深,保证足够富余水深并选高潮通过,减速航行,适当向浅水侧施舵,阻止船首向深水侧偏转。

12. 航行中转向或变速后应核对舵角指示器、车钟、转速表,防止船的动态与发令效果不符。

三、VTS 管辖区域的操船要点及注意事项

航行在 VTS 管辖区域内的船舶应熟悉 VTS 管辖区域的相关规定并遵守其规定,及时报告相关信息,服从交通管理,保证航行水域的交通安全。

1. 船舶在 VTS 管辖区域航行时,其有效的航行与操纵的决定权仍在于船长。在特殊情况下,VTS 中心在说明原因后可要求船舶执行改变后的航行计划,但若船长认为无法执行 VTS 指定的航行计划,应向 VTS 中心报告其理由。

如果船长或驾驶员根据惯例或特殊情况认为有必要,则无论是航行计划还是应 VTS 中心要求或指示改变航行计划,都不能取代船长对船舶有效航行与操纵所做的决定,即当船长或驾驶员收到的 VTS 指令与当时的情况有疑问时,应进行质询。

2. 在 VTS 管辖区域航行的船舶,应在 VTS 的指定频道保持守听值班,并接受 VTS 中心的询问。船舶在 VTS 管辖区域内航行、停泊和作业时,必须按主管机关颁发的《VTS 用户指南》所明确的报告程序和内容,通过甚高频无线电话或其他有效手段向 VTS 中心进行船舶动态报告。

3. 当船舶要求协助航行或 VTS 中心认为有必要协助时,VTS 操作人员用最可靠的手段正确地识别船舶、定出船位并获取其他有关信息。在无障碍的水域,航行协助主要包括向船舶说明周围的交通情况和有关碰撞与搁浅的警告,必要时向船舶建议应采用的航向;在受限水域内,协助航行还包括提供船位数据(如船舶离"基线"或"航路点"的距离等)。

4. 船舶在 VTS 管辖区域内发生交通事故、污染事故或其他紧急情况时,应使用甚高频无线电话或其他一切有效手段立即向 VTS 中心报告。

5. 船舶发现助航标志异常,有碍航行安全的障碍物、漂流物或其他妨碍航行安全的异常情况时,应迅速向 VTS 中心报告。

6. 船舶与 VTS 中心在甚高频无线电话中所使用的语言应为汉语普通话或英语。

7. 在 VTS 管辖区域内航行的船舶除应遵守《规则》外,还应遵守当地主管机关颁布的有关

航行、避让的特别规定。

8.任何船舶不得在航道、港池和其他禁锚区锚泊,紧急情况下锚泊必须立即报告 VTS 中心。

第三节 特殊天气航行措施

船舶在航行过程中,不可避免会受到各种天气条件的影响,特别是在能见度不良和大风浪区域中航行。大风浪不但影响船舶的运行效率,而且还危及船舶和货物的安全,严重时会导致货物移位,甚至船舶倾覆。而船舶在能见度不良的水域或其附近航行时,值班驾驶员不易及早发现来船和正确地识别来船,本船所采取的避碰行动不易被他船用视觉发现,给船舶之间的避让造成困难,极易发生碰撞事故。本节主要介绍能见度不良的航行措施和大风浪航行措施的相关内容。

一、能见度不良的航行措施

(本部分适用于 500 总吨及以上、未满 500 总吨船舶船长、大副、二/三副)

负责航行值班的驾驶员当发现由于雾、霾、雪、暴风雨、沙尘暴或任何其他类似原因而使能见度受到限制时,应立即报告船长,同时做好下列措施:

1.通知机舱备车。

2.使用安全航速、开启航行灯及按章鸣放雾号(即能见度不良的声号)。

3.开启雷达/ARPA 并正确应用,尽可能确定船位。

4.如使用自动舵应改为人工操舵。

5.保持正规瞭望,视情况派人瞭头并备双锚。

6.开启驾驶台门窗并保持肃静,收听他船的雾号。

7.必要时发布航行警告。

8.如船长上驾驶台指挥,值班驾驶员应将船位、航向、周围环境和已采取的措施报告船长。

9.在施放雾号的同时还应密切收听他船的雾号,若听到他船的雾号时,应注意切勿使本船雾号与其重叠。

10.守听 VHF 接收他船或 VTS 的信息,对与本船有影响的船舶应提前通过 VHF 联系,协调避让,保证航行安全。

11.将已经执行的各项雾航措施记入航海日志内(何时进入雾区;能见距离;何时鸣放雾号;何时通知机舱备车;何时派人瞭望及人名;何时备锚及备锚情况;何时开启雷达/ARPA 等)。

在雾航过程中,值班驾驶员可利用表 2-3-1 能见度不良航行检查单进行检查并记录。

表 2-3-1　能见度不良航行检查单

一、行动		是/否/不适用
1	通知船长,必要时请船长上驾驶台指挥	
2	通知机舱备车航行,以适合当时环境和情况的安全航速航行	

续表

一、行动		是/否/不适用
3	保持航行灯开启,按规定施放雾号	
4	开驾驶台门窗	
5	开启两台雷达/ARPA,进行系统观测,经常变换量程	
6	布置正规的瞭望,视需要加派瞭头和备锚	
7	采用手操舵航行	
二、设备准备		是/否/不适用
8	自动识别系统(AIS)	
9	测深仪	
10	雾号及器具	
11	航行灯	
12	雷达、避碰雷达或其他标绘仪器	
13	甚高频(VHF)	
三、遵守规则		是/否/不适用
14	《规则》第 19 条:船舶在能见度不良时的行动规则	
15	《规则》第 35 条:能见度不良时使用的声号 《规则》第 34 条:操纵和警告信号	
16	《规则》第 5 条:瞭望	
17	《规则》第 6 条:安全航速	
四、紧急计划		是/否/不适用
18	如果不能确保船舶航行安全,并且有合适的水域,可考虑锚泊	

当值班驾驶员对航行安全无把握时,应考虑以下因素:

1.为确保船舶在能见度不良水域的航行安全,在视线恶劣、渔船密集、避让困难、航道复杂及船长对航行安全无把握时,在条件许可的情况下,船长有权择地锚泊、绕航或滞航,切勿盲目航行。

2.注意在船速多变时,风、流对船舶位移的影响,切实掌握船位。

3.若船舶已抛锚,应按照《规则》有关规定发出锚泊声号,认真当值,加强瞭望。

二、大风浪航行措施

(本部分适用于 500 总吨及以上船舶船长、大副,未满 500 总吨船舶船长)

船舶在大风浪中航行,不论与风浪处于何种相对位置,都会给船舶操纵带来困难。例如,横浪中,由于船舶的横摇周期和波浪的周期很接近,船舶容易丧失横稳性。此时,改变速度也无济于事,不得不采取顶浪航行的措施。顶浪时,巨浪的冲击将会造成拍底、甲板上浪和打空转而损坏船体、设备、舵和螺旋桨。如果为了缓和浪的冲击而改为顺浪航行,又将出现大浪淹尾,舵效极度下降而导致船体打横,依然十分危险。因此,必须采取措施,减轻船舶的摇摆,缓和波浪的冲击。在评估过程中,当船舶遭遇大风浪时应采取以下措施:

1.船长督促部门领导按照甲板部恶劣天气检查单和机舱恶劣天气检查单逐项检查,落实各项安全防范措施。甲板部恶劣天气检查单如表2-3-2所示。

表2-3-2 甲板部恶劣天气检查单

	行动	是/否/不适用
1	通知船长天气情况	
2	通知机舱天气情况	
3	通知船员避免到恶劣天气可能造成危险的主甲板区域	
4	如果需要,安装安全绳/扶手绳	
5	必要时调整航向、航速以减轻或避免船舶损害	
6	操纵船舶以减小打横、艉淹和谐摇的风险	
7	收听气象信息	
	紧固	是/否/不适用
8	所有甲板开口(门/舱口)	
9	锚和锚链	
10	在房间和生活区松散和活动的物品	
11	甲板上松散和活动的物品	
12	在厨房松散和活动的物品	
13	在物料间松散和活动的物品	
14	关闭所有的舱门和舷窗	
	其他	是/否/不适用
15	如在大风浪中抛锚,船长应考虑预留更多的富余水深	
16	如考虑调整压载水,注意自由液面的影响	
17	全船排水孔通畅	

2.船长根据实际情况备妥主机,安排甲板和机舱人员加强值班,必要时调整航向和转速;一般由自动舵转手操舵。

3.要充分注意大风浪对船舶横移的作用,船舶在大风浪中通过险要地段时,应比正常情况下留有更多的安全距离,尽可能在岩礁或险恶地区的下风驶过。

4.采取绑扎加固、调整压载等大风浪航行措施。大风浪过后,大副尽早检查船体结构。

5.根据风向、风速的变化,调整航向、航速,根据实际情况采取相应的航行方法("Z"字形航法、滞航、顺浪及漂滞等)。

第四节　正确运用《规则》采取避让措施

（本节适用于 500 总吨及以上、未满 500 总吨船舶船长、大副、二/三副）

本节主要介绍基于对《规则》内容的正确理解，熟练运用《规则》对船舶的交通局面及其发展趋势的正确判断，做出适当且有效的避让行动，以达到安全避让他船的目的。

一、　船舶在任何能见度情况下的行动规则

学员全面掌握并运用《规则》第 5 条瞭望、第 6 条安全航速、第 7 条碰撞危险、第 8 条避免碰撞的行动、第 9 条狭水道和第 10 条分道通航制采取正确的行动。

二、　船舶在互见中的行动规则

在追越、对遇局面、交叉相遇局面条款中，《规则》主要是根据两船所构成的几何格局规定了船舶之间的避让关系和避让责任；在船舶之间的责任条款中，《规则》主要是根据船舶操纵避让能力的优劣规定了两船相遇时的船舶之间的避让关系。船长和值班驾驶员要能准确判断追越、对遇和交叉局面以及多船会遇局面，明确船舶之间的避让关系和责任（直航船、让路船或同等责任船）。让路船或同等责任船在采取安全有效的避让措施时，要符合"早、大、宽、清"的原则；避让措施有效，不与他船发生碰撞或紧迫危险；直航船应遵守《规则》第 17 条直航船的行动采取行动。

三种会遇态势的方位关系如图 2-4-1 所示。

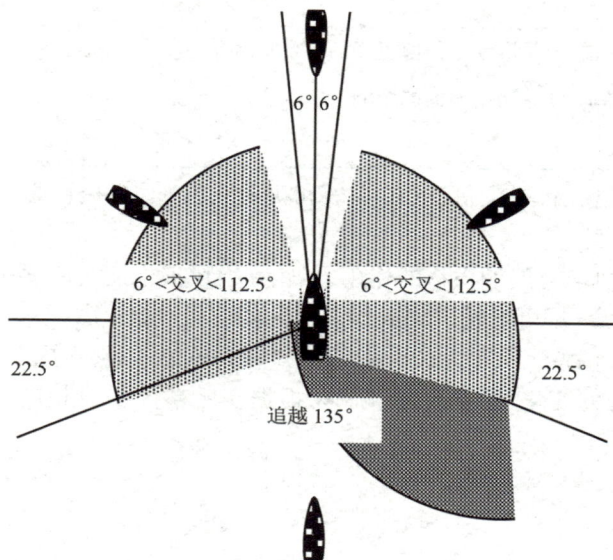

图 2-4-1　三种会遇态势的方位关系

(一)追越的判断及避让注意事项

根据《规则》第13条的规定,一船正从他船正横后大于22.5°的某一方向赶上他船时,即该船对其所追越的船所处位置,在夜间只能看见被追越船的尾灯而不能看见它的任一舷灯时,应认为是在追越中。只要满足上述两船间方位、速度、距离等三个相关条件,追越条款就适用,而不论构成追越的船舶属于何种类型的船舶,也不论船舶所处的水域是宽敞的水域、狭水道或者分道通航制水域内。

当后船利用各种方法仍然难以判断是否构成追越时,后船应当假定构成追越,主动承担避让责任,直到最后驶过让清为止。

1.追越船的行动

《规则》第13条本身并没有规定追越船的具体避碰行动要求。因此,追越船作为让路船在采取避让行动时,应当严格遵守《规则》第8条、第16条的规定,做到"早、大、宽、清",并且应当牢记其让路的义务,一直持续到最后驶过让清为止,其后两船间的任何方位的变化,或者主机、舵机等发生故障而处于失控状态,均不免除其让路的责任和义务。此外,在追越中应当注意如下事项:

(1)在追越时,应当保持足够的横距。

(2)当与被追越船航向会聚时,追越船应适当地改变航向,先从被追越船的船尾驶过,如图2-4-2(a)所示。

(3)当追越船追过前船后,不应立即横越他船船首,而应当确实驶过让清他船后再横越他船船首,如图2-4-2(b)所示。

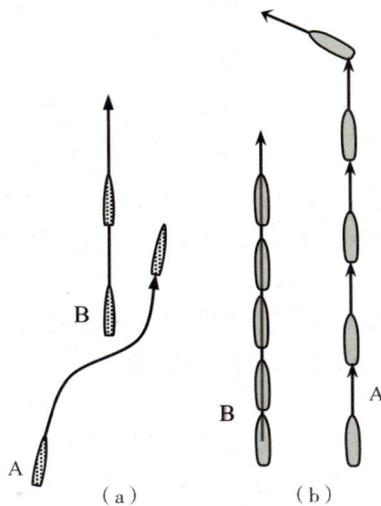

图 2-4-2　追越船的避让行动示意图

(4)在追越过程中密切关注被追越船的动态,对被追越船可能采取的不利行动予以高度戒备,尤其是当临近被追越船的转向点附近或者发现被追越船可能与另一艘船舶致有构成碰撞危险时。

(5)在狭水道、航道内应当严格遵守狭水道条款的规定,应避免在狭水道的弯头地段、通航密集区、习惯转向点或禁止追越的水域追越。当需要被追越船配合采取行动时,应当鸣放相应的声号,禁止强行追越。在狭水道、航道内实施追越时,应当尽可能避免航向交叉,并尽可能并行追越,在追越过程中应保证足够的横距,避免产生激烈的船间效应。

(6)在追越过程中,尽可能与被追越船保持 VHF 通信联系,协调双方行动。

(7)在追越中或者在采取避让行动时,应当特别警惕在近距离有第三船逼近而造成新的紧迫局面的可能性。

2.被追越船的行动

被追越船作为直航船应当严格遵守《规则》第 17 条的规定,在被追越的过程中应当注意如下事项:

(1)当发现有他船追越时,应当检查本船所显示的号灯、号型是否正常,尤其是本船尾灯是否正常显示。

(2)针对从本船右舷正横后约 22.5° 的某一方向上驶近的来船,应当保持高度的戒备,运用良好的船艺,在必要时独自采取操纵行动。

(3)被追越船应密切关注追越船的行动和追越的方式,对可能发生的意外情况,如船舶失控、激烈的船间效应、激烈的岸壁效应、第三船出现等,做好随时操纵的准备。

(4)在狭水道或航道内,如果同意追越,则应鸣放声号明确表示,并采取让出航道、降低船速等措施,并在整个被追越过程中,充分注意船间效应、浅水效应、岸壁效应的影响;如果不同意追越,则应向企图追越的船立即发出怀疑或警告声号。

(5)被追越船在到达预定转向点附近准备转向时,或者在避让第三船时,应当充分注意到其行动是否可能与追越船的避让行动相冲突。

(6)在被追越过程中,尽可能与追越船保持 VHF 通信联系,协调双方行动。

(二)对遇局面的判断及避让注意事项

根据《规则》第 14 条的规定,当一船看见他船在正前方或接近正前方,在夜间能看见他船的前、后桅灯成一直线或接近一直线和(或)两盏舷灯;在白天能看到他船的上述相应形态时,则应认为存在对遇局面。在实践中,通常可根据两船之间的相互位置关系,根据见到他船显示的号灯或者相应的形态予以判断是否构成对遇局面。当对是否构成对遇局面有任何怀疑时,应当假定存在对遇局面。

对遇局面中两船航向相反或接近相反,因此两船的相对速度快,可供判断考虑以及采取避让行动的时间短。因此,要求处于对遇局面中的船舶必须对局面做出迅速、准确的判断,并及时地采取大幅度的避让行动。

在对遇局面中,采取避让行动应当充分注意到以下各点:

(1)《规则》要求两船各自向右转向从而从他船左舷通过,并不意味着两船所采取的行动的综合效果能导致两船在安全距离上通过,而是每一船均必须及早地采取大幅度的右转行动,且每一船的行动均能导致两船在安全的距离上驶过。

(2)当一船能够用视觉看到他船的两盏舷灯时,其应当及早采取避碰行动。在采取向右转向行动的同时,应当鸣放"一短声"操纵信号,在夜间还可以显示"一短闪"予以补充。

(3)当发生对是否处于对遇局面持有怀疑的情况时,应假定确实存在这种局面,并应在更早的时刻采取大幅度的避让行动,以避免紧迫局面的发生。

（4）当环境和情况不允许一船采取右转行动对,应尽可能与他船建立 VHF 通信,协调两船行动;在采取行动时,其时机应当更早,其行动的幅度应当更大。另一船要对他船可能采取的其他行动保持高度的戒备,以防止两船行动不协调。

（5）限于吃水的船舶与其他船舶构成对遇局面时,应当充分注意到本船偏离所驶航向的能力受到限制,要谨慎驾驶,并做好随时操纵机器的准备;而另一船应当充分注意到限于吃水船舶的特殊性,及早采取大幅度的避碰行动。

（6）当两艘从事捕鱼的船舶,或两艘操纵能力受到限制的船舶,或者一艘操纵能力受到限制的船舶与一艘失去控制的船舶,形成对遇态势时,虽然《规则》第14条的规定不适用,但各自向右转向的规定被认为是适用于这些特殊情况的。

（7）在危险对遇中,避让的时机应当更早,避让的幅度应当更大,以便他船及早了解本船的意图和行动,以避免两船行动不协调。

（三）交叉相遇局面的判断及避让方法

根据《规则》第15条的规定,在交叉相遇局面中,当有他船位于本船右舷时,本船应给他船让路,本船是让路船,他船是直航船;当有他船位于本船左舷时,本船是直航船,他船应给本船让路。在夜间,当两船交叉相遇时,让路船只能看到直航船的红色舷灯,看不到其绿色舷灯;直航船只能看到让路船的绿色舷灯,看不到其红色舷灯。因此,海员通常称之为"让红不让绿",即看到他船红舷灯的船为让路船,看到他船绿舷灯的船为直航船。

交叉相遇是指两船的艏向交叉大于6°舷角(左与右),但小于112.5°舷角(左与右),即除追越和对遇局面以外的两船航向或者艏向交叉的情况。

1.交叉相遇局面中让路船的行动

交叉相遇局面中的让路船在给他船让路时,除应当遵守《规则》第8条、第16条的规定外,还应遵守《规则》第15条对其避让行动做出的特殊规定,即在采取让路行动时,应当避免横越他船的前方。根据该项要求,让路船在采取避让行动时只要做到不横越他船的前方即可,其可以采取向右转向、向左转向或者减速等行动。根据海上避让实践和两船所构成的不同交叉会遇态势,通常采用如下避让方法:

（1）通常情况下应采取向右转向的行动,从他船的船尾通过。通常的做法是让路船采取向右转向的行动,使得本船船首对着他船的船尾后,保持该航向,直到最后驶过让清,再恢复原航向。

（2）避让小角度交叉船时,由于相对速度高,两船接近快,应采取向右转向的行动,并使得他船能够见到本船的红舷灯,使本船从他船船尾后方驶过,如图 2-4-3(a)所示。采用向右转向并从他船船尾驶过,这通常被认为是避让小角度交叉相遇局面船舶的最好方法;若当时的环境不允许让路船采取大幅度向右转向的行动,例如在其右舷有他船或者存在其他有碍航行的障碍物,则让路船可以采取减速、停车等措施等,直航船驶过以后,再恢复原速。在小角度交叉相遇局面中,让路船应当尽量避免左转,以避免与直航船可能采取的行动不协调。

（3）避让垂直交叉船既可采用上述避让小角度交叉船的方法,采取向右转向从他船的船尾通过;也可以采取减速、停车的方法,让他船先行通过,如图 2-4-3(b)所示。

（4）避让大角度交叉船时,不宜在较近距离内右转,通常可适当左转或者减速让他船先行通过,必要时本船可以左转一圈,如图 2-4-3(c)所示。

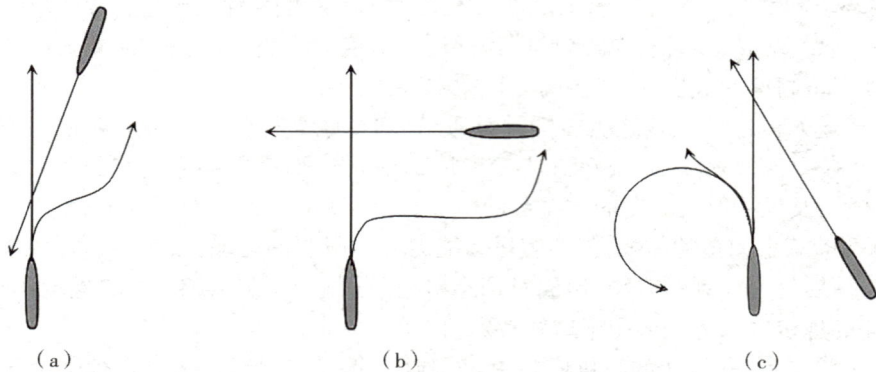

（a）　　　　　　　　　（b）　　　　　　　　　（c）

图 2-4-3　三种交叉形式中的避让方法示意图

2.交叉相遇局面中直航船的行动

直航船在会遇的过程中,首要的义务是保向保速,其行动应当严格遵守《规则》第 17 条的规定。

（四）接送引航员时避免船舶碰撞事故的措施

1.合理组织船员，避免瞭望死角

接送引航员的过程是一项多目标的系统工作。为了避免出现全体值班船员把注意力全部集中在接送引航员的任务中而疏于瞭望的情况,根据驾驶台资源管理的原理,船长应灵活把握注意力的集中和转移,合理安排值班船员的分工,包括各自的位置、常规职责、应急职责、信息沟通交流方式、记录、应急处置、驾驶台工作规程等,形成一个注意力范围足够广泛,反应灵敏、信息畅通、互补完整、无瞭望技术死角的操船团队,避免由个体的错觉以及主观臆断造成的失误。

2.确保与周围船舶有足够的距离，保持船间通信畅通，避免不协调的行动

当引航登船点附近上下引航员的船舶数量较多时,各船在抵达引航登船点之前就要确保有足够的距离,保持船间通信畅通,避免不协调的行动,以保证航行安全。

3.合理用车，保持船舶舵效良好，避免船舶因风流压漂移过大而搁浅

船舶在接送引航员的过程中,必然要降低船速,尤其是在需要等待引航员从出港船下船后再上本船来执行任务时,往往需要在引航登船点附近做短时间的等待。这就需要进港船提前与引航站联系好上引航员的准确时间,从而提前控制好船速,避免本船在引航登船点附近等待时间过长,船速控制过低,进而使得舵效变差、保向困难,出现因风流压漂移过大而导致搁浅。

（五）狭水道（或航道）中船舶避碰方式及避碰关系方面的特点

1.避碰方式

船舶在开阔水域的避碰,从避碰方式上讲,可认为是"点对点"（即将整艘船当成一个质点）的避碰。而当船舶在狭水道（或航道）航行时,由于受到航行水域（航行宽度）和船舶自身操纵性能的限制,在船舶避碰时,多数情况下驾驶人员不可能仅考虑"点对点"的避碰要求,还

需考虑船长、船宽等尺度因素。

　　由于可航水域宽度有限,显然狭水道(或航道)中的船舶避碰方式不可能是宽水域上的"点对点"方式,其避碰行为通常是早发现、早判断、早协调,更多的是采用减速避让。采用转向行动时,通常用小角度避碰,不宜采用宽水域上要求的大角度避碰,因为若采用大角度避碰,船舶容易出航道,即便航道宽度足够大,也会造成航行安全余量较少。另外,由于船舶会遇距离很小,同时考虑到船长、船速,驾驶人员在留心通常意义上的 *DCPA* 和 *TCPA* 时,更关注两船会遇过程中,船头和船尾是否都能安全通过。

　　2.船舶间避碰关系方面的特点

　　当狭水道(或航道)位于港界以内时,港口的海事主管机关通常会对航行在其中的船舶制定适合该水域特点的航行规则(习惯称为"地方规则"),如我国的上海港黄浦江内的《上海黄浦江通航安全管理规定(2024 年)》、广东海事局在珠江口制定的《珠江口水域船舶安全航行规定》。船舶在这些狭水道航行时,首先要遵守地方规则的规定,其次应以《规则》为补充。

　　船舶在沿岸、港内水域航行时,还应考虑到在一些特殊水域中如何遵守《规则》的问题。例如,当互见中的两艘机动船,在岬角、灯船、习惯转向点附近水域,港口的进出口处,江河的交叉口处交叉相遇,致有构成碰撞危险时,通常仍然适用交叉相遇局面,如图 2-4-4 所示。但在上述转向点附近航行时,如果两船被居间障碍物遮蔽而不在互见中,则交叉相遇局面条款就不适用,而适用《规则》第 2 条责任条款;或者地方规则对此有特殊规定,则交叉相遇局面条款不一定适用。例如在大连港,沿大三山分道通航制相应通航分道航行的进口船,与从甘井子航道出口的出口船交叉相遇时,交叉相遇局面条款并不适用,如图 2-4-5 所示。

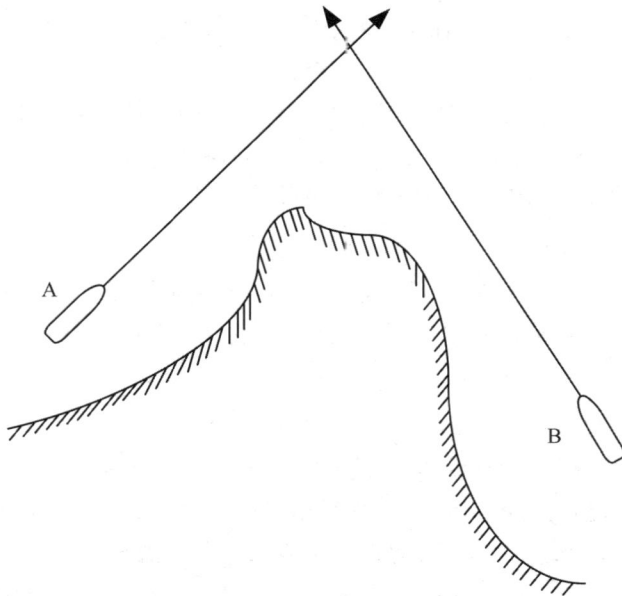

图 2-4-4　岬角处两船形成的交叉相遇局面

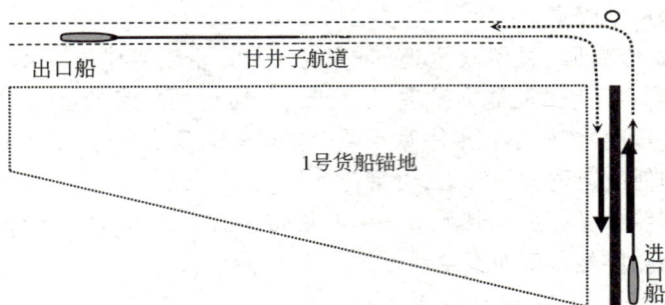

图 2-4-5　船舶进出大连港甘井子航道的航法

三、船舶在能见度不良时的行动规则

1.适用的水域

"在能见度不良的水域中或在其附近"表明了能见度不良时的行动规则适用的水域。这里存在两种可能：一种可能是两艘船舶同在能见度不良的水域相遇；另一种可能是一船在能见度不良的水域，而另一船在能见度不良的水域之外相遇。

2.适用的船舶

《规则》第 19 条适用任何种类的船舶，即无论船舶尺度的大小、操纵性能的优劣均须遵守本条。本条 1 款强调了"航行时"，表明本条适用的船舶状态显然是指在航状态，而船舶在锚泊、系岸和搁浅时则不适用本条。与前述互见中追越、对遇和交叉相遇局面条款相比，本条并未强调能见度不良条款仅适用两船之间，其原因是本条侧重于强调处在能见度不良的水域中或在其附近航行时不在互见中的船舶应具有的一种关于航行戒备和避让行动的注意事项，并没有根据两船间的几何格局或操纵能力界定两船间的避让关系。因此，可以说本条不仅适用于两船之间形成的会遇局面，也适用于多船之间形成的复杂会遇局面。

3.适用的条件

《规则》第 2 章第 3 节及第 19 条的标题均为"船舶在能见度不良时的行动规则"。然而，"能见度不良"仅是第 19 条适用的必要条件，充分条件为"不在互见中"，即因能见度不良引起船舶之间不在互见中，本条方可适用。

4.船舶之间的责任

当一船航行在能见度不良的水域或其附近与不在互见中的来船构成碰撞可能性时，由于受瞭望信息的限制，不能根据船舶操纵能力和相对位置关系划分船舶等级和不同的会遇局面，因而两船负有同等的避让责任和义务，均应果断地采取避让措施。

需要特别注意的是，原本因能见度不良不在互见中的两船，随着两船距离的不断接近而业已互见，此时便失去了适用《规则》第 19 条的条件，而应当适用规则互见中的相应条款（如《规则》第 2 章第 2 节中各条、《规则》第 34 条等）。然而，当处在能见度不良的水域中或在其附近的两船业已互见时，若两船间的距离过近，则可能在进入互见后两船之间已经构成紧迫局面甚至形成紧迫危险，此时，互见中的直航船不能过分强调让路船的避让责任，而应适时采取协调的避让行动或者是最有助于避碰的行动以避免碰撞事故的发生。

5.能见度不良时采取避让行动

船舶可以采取的避让行动包括转向避让、变速避让以及转向结合变速避让。

（1）转向避让

由于转向避让具有时间短、效果明显、操作简单、不依赖于备车的优点，因此，在有足够水域的情况下，单凭转向通常是最有效的避碰行动，转向避让也是最常用的避让方法。

①避让正横前来船：除对被追越的船外，无论来船在本船的右正横以前、左正横以前还是正前方，本船均应向右转向避让。

②避让正横和正横后来船：对右正横或右正横以后的来船应采取向左转向避让；对左正横或左正横以后的来船应采取向右转向避让。

（2）变速避让

采取大幅度转向避让的前提条件是要有足够的水域，并不致造成另一紧迫局面。因此，在没有足够水域或存在第三船致使无法大幅度转向避让的情况下，船舶应考虑采用变速的避让措施。在采取变速避让措施时，应当注意如下事项：

①对右正横前的来船，本船的减速行动和来船可能采取的向右转向措施或者增速措施效果一致（本船追越他船的情况除外）；但对于左正横前的来船，本船的减速行动会与来船的右转和（或）减速措施的效果相互抵消。

②对于正横附近来船，变速行动可以改变两船齐头并进的局面，让来船超前或滞后，避让效果比较有效。由于变速措施短时间内效果不明显，不易被来船察觉，因此应及早地、大幅度地进行。

③船舶在能见度不良的水域所采用的变速措施，通常是减速措施。如采取增速措施，必须要考虑增速的余地和安全航速的要求。

（3）转向结合变速避让

在转向结合变速同时进行时，转向的方向仍应遵守《规则》第19条第4款对转向避让的要求。在采取转向结合变速避让措施时，应当注意：

①在避让本船右正横前来船时，本船宜采取右转结合减速的措施，本船右转和减速的效果是一致的。

②在避让左正横前来船时，在安全航速许可的范围内，可以采取右转结合增速的措施。一般而言，本船向右转向与增速效果一致，并且与来船可能采取的右转和（或）减速行动效果一致。但应当注意，如他船的相对运动航向线与转向不变线平行或者重合，则转向不一定有效果。

③在避让右正横后的来船时，本船宜采取左转并结合增速的措施。

④在避让左正横后的来船时，本船通常应当以右转为主，同时也可以结合增速。

另外，听到他船的雾号显似在正横以前或与正横以前的他船不能避免紧迫局面时，采取的避让行动有两种。第一种是"应将航速减小到能维持其航向的最小速度"，其目的是留有更多的时间来估计局面和避免形成紧迫局面；第二种是"必要时把船完全停住"。需要注意的是，采取此行动的时机仅在"必要时"。通常认为，下列紧急情况下应停船：未装备雷达的船舶听到来船的雾号在正横以前时；近处初次听到他船的雾号时；看到一船从雾中隐隐出现，航向不能判定；听到前面有锚泊船的雾号；装备有雷达的船舶与正横前的船舶不能避免紧迫局面时；

对高速驶来的船舶,不能断定其从哪一舷通过时;对已经形成紧迫局面的来船动态不能确定时;听到雾号,但不能判断是众多船中哪艘船鸣放的时候等。

四、多船会遇情况下的避让

1.互见中多船会遇情况下的避让行动

在多船同时会遇时,它们彼此之间形成了多重复杂的会遇关系,《规则》条款难以适用。因此,在多船同时会遇时,每艘船舶均应当审时度势,运用良好的船艺,谨慎采取避碰行动,化解复杂会遇局面,驶过远离。

《规则》对具体会遇局面的规定基于一船与另一船会遇的态势,不能针对性地适用于一船同时与多船会遇的情况。因此,在一船同时与多船会遇时,无法完全适用《规则》有关会遇局面的具体规定。因此,在这种特殊情况的多船会遇局面中,当事船舶的驾驶人员需要对本船所采取的避让行动做出合理决策。一般海员通常采用的避让方法是"避碰重点船法":首先在本船周围的各船中选定一艘作为避碰重点船,然后根据《规则》精神采取相应的行动对其进行避让操纵,待驶过让清后再在新的局面中选取新的避碰重点船并再次依《规则》精神采取相应的行动进行避让操纵,如此往复直至将所有船舶驶过让清。如何确定避碰重点船需要综合考虑以下几方面的因素:

(1)避碰重点船是根据《规则》精神在两船会遇局面中相对本船为直航船或与本船负有同等避让责任的船舶。

(2)在本船周围有多艘相对本船为直航船或负有同等避让责任的船舶时,避碰重点船通常选择这些船中碰撞危险程度最严重的船舶(比较这些船的 $DCPA$ 和 $TCPA$ 来确定)。

(3)当本船周围有多艘相对本船为直航船或负有同等避让责任的船舶时,避碰重点船通常选择需要采取的避让行动幅度较大的来船。

(4)当本船根据《规则》精神对避碰重点船采取相应的行动时,不致对另一船造成紧迫局面。

2.能见度不良不在互见中的多船会遇时的避让行动

船舶在能见度不良时的行动规则既可适用于两船之间,也可适用于多船之间,因此在采取"避碰重点船法"时需要考虑的因素与前述互见中考虑的因素有所不同,具体体现在以下两点:

(1)处在能见度不良不在互见中的船舶,无论其几何格局或操纵能力如何,均负有同等的避让责任和义务,没有让路与直航之分,即一船与其周围的任何船舶均负有同等的避让责任和义务。因此,在选取重点船时,需全面考虑来自各方位的船舶。

(2)处在能见度不良不在互见中的船舶在采取避让行动时应充分注意《规则》第19条各款规定。例如,《规则》第19条第4款规定:一船仅凭雷达测到他船时,应判定是否正在形成紧迫局面和(或)存在碰撞危险。若是如此,应及早地采取避让行动,如果这种行动包括转向,则应尽可能避免如下各点:

①除对被追越船外,对正横前的船舶采取向左转向;

②对正横或正横后的船舶采取朝着它转向。

又如,《规则》第 19 条第 5 款规定:除已断定不存在碰撞危险外,每一船当听到他船的雾号显似在本船正横以前,或者与正横以前的他船不能避免紧迫局面时,应将航速减到能维持其航向的最小速度。必要时,应把船完全停住,而且,无论如何,应极其谨慎地驾驶,直到碰撞危险过去为止。这些条款都对处在能见度不良不在互见中的船舶避让行动做出了一定的限制。

无论是两船会遇还是多船会遇的局面,《规则》第 8 条所规定的"积极、及早地采取避碰行动"的要求都是适用的,尤其是对于多船会遇局面,每一船舶均需充分利用雷达、AIS 等瞭望手段以尽早获取避碰信息,从而能够"积极、及早地采取避碰行动",避免紧迫局面的发生。

五、声响和灯光信号的运用

声响和灯光信号与船舶号灯和号型作用相似,可表明船舶的存在、种类、大小、动态。在互见中,声响和灯光信号还用来表明船舶正在或企图采取的行动,或对他船的行动表示提醒、怀疑或警告。在能见度不良的水域中,声响信号可用来表明船舶的种类、动态,以及为未装设雷达或雷达设备发生故障的船舶提供某些有用的避让信息。驾驶台值班人员应:

1.按《规则》要求正确显示号灯和(或)号型。

2.在互见情况下按《规则》要求正确使用操纵行动信号、追越信号、怀疑信号、警告信号、过弯道信号。

3.按《规则》要求正确使用能见度不良时使用的声号。

4.通过识别他船的号灯和号型或声响和灯光信号,判明他船的种类和动态。

第五节　航行值班操作规范

(本节适用于 500 总吨及以上、未满 500 总吨船舶船长、大副、二/三副)

《STCW 规则》中制定了关于值班的强制性标准(A 部分)和对值班的建议和指导(B 部分)的内容。这些内容对加强海船船员值班管理、防止船员疲劳操作、保障海上人命与财产安全有着非常重要的意义。

一、保持正规瞭望

保持正规瞭望是确保海上航行安全的首要条件。它是决定安全航速、正确判断碰撞危险、正确采取避让行动的基础和前提条件。

通常认为,保持正规瞭望,应当至少做到以下几点:

1.应根据环境和情况配备足够、称职的瞭望人员。

2.瞭望人员的位置应保证能获得最佳的瞭望效果。

3.采取视觉、听觉及其他一切有效手段(如雷达、ARPA、AIS 及 VHF 等手段)保持正规瞭望,及时发现他船。

4.瞭望是连续的、不间断的。

5.瞭望人员做到恪尽职守,认真、谨慎。

6.瞭望的方法正确,并且是全方位的。瞭望时,应当采用先近后远、由右到左、由前到后的周而复始的瞭望方法,务必做到全方位观察;瞭望人员应当来回走动,以消除因视线被大桅、通风筒、将军柱等遮蔽所造成的盲区的影响。

7.正确处理好瞭望与其他各项工作的关系。瞭望和避让应当是首要的工作,切不可因为定位、转向、海图作业等工作影响瞭望。

二、采用安全航速

船舶在任何时候都应以安全航速行驶,以便能采取适当而有效的避碰行动,并能在适合当时环境和情况的距离以内把船停住。驾驶人员应遵守限速规定,采用适合当时环境和条件的航速。

三、使用助航设备确定船位

1.船舶正常航行时,需按照预定的定位频率核定船位。船舶每次转向都必须定位,随后按照预定的频率定位。

2.定位间隔的长短,需要根据船舶所处水域的环境和船舶操纵性能决定。其间隔时间能保证:一旦发生失误,有足够的时间在船舶发生危险前纠正失误。在开阔水域,定位间隔可以较长,一般每小时定位一次;在受限水域,受到周围环境条件的影响,要缩短定位间隔。

3.确定定位间隔时,要考虑但不限于以下因素:船舶操纵性能、船速、潮流、风向、风力、表层水流影响、可用于定位的方式、与周围危险物的距离、通航密度和能见度。

4.浮标不应用来定位,但当岸标不易辨别时,其可作为一种导航方法,但首先应利用其他手段确定浮标本身的位置是否准确。

四、航行监控

航行监控主要是针对本船的位置和航行趋势与航行依据的航线、海图物标、其他目标等的相互关系进行实时动态显示与监控报警。对航行安全至关重要的是,船舶驾驶员适当遵循航次计划并监控船舶执行航次计划,在使用电子海图监控航行时,能对本船船位、航向、航速以及附近船舶进行有效监控。值班驾驶员应密切监控船舶执行航次计划,包括:

1.检查船位保持在已设定的航迹带宽度内,包括转向以避免碰撞或根据计划转向。

2.根据目前的状况和航行危险的接近程度,定期进行船舶定位。

3.使用所有适当手段交叉检查船位,包括:

(1)利用海图物标的距离和方位,通过目视和/或雷达定位。

(2)通过回声测深仪监测海图水深和等深线。

(3)监控导航设备显示信息的完整性。

值班驾驶员应该意识到,在计划和航行时需要谨慎,以确保在海图上的危险物和船舶预定航线之间有足够的安全余地。应避免过度依赖电子海图,特别是妨碍保持正规瞭望时。

五、修改航次计划

值班驾驶员应该执行由船长核准的航次计划,但可能出现需要修改或偏离航次计划的情况,例如天气状况的变化、从 VTS 接收到的建议和信息、航行警告和检测到的危险。任何偏离核准航次计划的因素都可能造成新的风险,需要对其进行评估并采取可能的减缓措施。

如果需要对航次计划进行永久性修改,则应重复评估和计划过程的相关部分。应该适时通知船长,船长检查并核准修改,并向驾驶台团队进行简报。

为了使船舶远离危险,可能需要偏航,特别是偏离计划航向和/或航速;以及为了遵守《规则》的需要而改变航向和/或航速。偏离航线后,一旦情况允许,船舶应重新回到计划航线上。

六、操舵

驾驶台操舵是值班水手的一项重要职责。值班水手的操舵效果直接影响着船舶的航行安全。值班水手应该熟练掌握操舵的技巧和程序。

船舶在航行中保持和改变航向,主要是靠正确操舵来完成的,而正确操舵除了取决于船长或驾驶员正确的判断和下达的操舵口令外,还与操舵人员的自身素质有重要的关系。因此,掌握一般的操舵要领与在操舵当中应注意的事项,对在实际工作中安全操纵船舶是很有帮助的。

1.手动操舵方式

在采用手动操舵方式时,应该同时注意舵轮指示器和舵角指示器,将舵角指示器反馈的实际舵角和操控船舶人员(船长、引航员、值班驾驶员等)的舵令进行比较,必须保证转出的舵角和舵令完全一致。手动操舵一般包括:按照要求舵角操舵、按照罗经操舵、按照物标指示操舵、按照转头速率(ROT)操舵等方式。

(1)手动操舵要领

①压舵。船舶在航行中受到风、流的影响,或因其他原因使船舶两舷受力不均匀,船首易向一侧偏转。因此,操舵人员应根据船舶偏转情况,采取适当的舵角来抵消这种偏转,以保持定向航行,这种做法叫压舵。至于压舵角取多少,可先将舵放在正中位置,再看罗经基线偏向哪一侧、偏多少,然后向相反的方向操微舵。经过反复试验,找出合适的舵角大小和压舵时间,及时克服偏转。在大风浪中航行时,船舶左右摇摆和前后颠簸很大,航向很难稳定。操舵更应机敏耐心,细心观察综合影响的结果,掌握规律。

②不用急舵。平时尽量不用急舵或少用急舵,以免船舶旋转惯性过大,导致难以控制,同时也防止损坏舵设备。

(2)手动操舵的常规要求及注意事项

①操舵人员操舵时应直立,两脚分开与肩同宽,双手扶舵轮,思想集中。

②通常执行一个舵令有四个环节:发(舵)令→复诵→执行→报告。操舵人员一定要准确、迅速地执行指挥员的每一个口令,复诵和报告口令要正确、响亮、清晰。

③操舵人员要严格遵照舵令操舵,未得到舵令不能任意改变航向,还必须及时复述和报告执行情况。如有疑问,操舵人员要互相及时提醒,以防发错或听错舵令乃至操错舵角。指挥员与操舵人员要密切配合。

④操舵时,若航向未把定或正在避碰,不应更换操舵人员。

⑤操舵人员应该熟悉本船操舵装置的转换开关,并能够迅速进行各种操舵方式的转换。

⑥操舵人员应随时注意操舵仪是否工作正常,操舵仪舵角指示器、驾驶台主舵角指示器是否一致。

⑦掌握本船的性能(如左舵与右舵、空载与满载、强风与急流、浅水与波浪、顶流与顺流等情况下舵效来得快与慢,旋转惯性的大与小等)。

⑧当船舶在狭水道中航行时,不宜突然使用满舵,以防产生过大的旋转惯性而造成危险局面。

⑨操舵时要有高度的责任感。注意力要集中,始终保持船在航向上。

2.自动操舵方式

自动操舵方式是指使用自动操舵装置根据罗经的航向信号来控制舵机,自动地使船舶保持在给定航向上的操舵控制方式。自动操舵装置通常也称为自动舵。自动操舵方式与手动操舵方式能由开关迅速转换。一般在船舶通航密度不大的海域或大洋航行时采用自动操舵方式。

(1)手动操舵转换为自动操舵

①注意压舵及航向改变旋钮均应放在"0"位上。分罗经刻度应与主罗经刻度一致。夜间用灯光调节旋钮将面板的照明亮度调至适当程度。

②先将灵敏度适当调高一些。

③操手动舵使船首正好在要求的航向上,驾驶台及操舵仪上的舵角指示器均正好在"0"位上时,将选择开关从"手动"转至"自动"。

④根据具体海况及船舶装载情况,转动天气调节、比例调节、微分调节等旋钮,使之配合得当,以最小的偏舵角和最少的偏航次数,达到最好的航向稳定性。必要时再使用压舵。对于采用机械断续接触进行调节的自动舵,调节时应将旋钮对准刻度,不能放在两个刻度之间。

(2)自动舵的调节

为完善自动舵的工作性能,在使用中还要通过自动操舵仪面板上的调节旋钮对自动操舵系统进行调节,以达到最佳使用效果。

①灵敏度调节

灵敏度调节又称天气调节,也叫航摆角调节。在良好海况下,灵敏度可以调高些,这样偏舵角可用得小些,船舶的偏航也能及时克服,航迹可走得直些;反之,在恶劣海况下,航向偏摆厉害,若灵敏度设置得太高,势必使舵机频繁起动而不断工作,舵机因而容易受到损坏。

②舵角调节

舵角调节又称比例调节。舵角调节的是自动舵的偏舵角和偏航角的比例。调节时应根据海况、船舶装载情况和舵叶浸水面积等不同情况而定。海况恶劣、空载、舵叶浸水面积小时,应选用高挡;风平浪静、船舶操纵性能好时,应选用低挡。

③反舵角调节

反舵角调节又称微分调节。在船舶偏航用舵克服使它向原航向回转时,还必须再操一个反舵角来克服船舶回转时的惯性。因此,使用反舵角调节可给出反舵角的大小,以阻止船舶向另一侧偏摆。大船、重载,旋回惯性大时,微分作用要调大;反之,微分作用要调小。海况恶劣时,微分作用要调小甚至调至0。

④压舵调节

压舵调节是用固定信号使舵叶偏转一个固定的角度,以抵消单侧偏航的作用。在有不对称偏航的情况下,设有积分环节自动压舵的自动舵,使用压舵调节向左或向右进行压舵。压舵的大小根据实际需要,所压的舵角可以从舵角指示器读出。

⑤航向改变调节

在使用自动舵时,航向改变调节可用来改变航向。若要向右改变航向5°,按下旋钮,向右转到5°处,待船舶转到给定航向时,指针能自动回零,无须人工复位。航向改变调节只供小角度的改向,因此比例舵应放在最小一挡。如需改变较大角度,应分次进行,一般每次只改变10°。

⑥零位修正调节

零位修正调节可用来修正自动舵中航向指示刻度盘与陀螺罗经的同步误差。自动舵的指令来自航向信号。船舶航向以陀螺罗经(主罗经)为准。自动舵上的航向指示器(分罗经)若与主罗经不同步,将产生误差。调节时,应先取下螺帽,用专门的钥匙插入,旋转刻度盘,使它的读数与陀螺罗经一致,然后将调节旋钮的指针拨回零位。

(3)自动舵使用须知

①权限:船长根据航道、海面、气象等条件决定是否使用自动舵,船长不在驾驶台时,由值班驾驶员决定使用自动舵的时机。

②禁用:进出港口,航经狭水道、分道通航区、交通繁忙区、锚地、渔区、危险航段、能见度不良的区域,以及避让、改变航向、追越时,不得使用自动舵。

③机动操纵:加强瞭望,需要机动操纵时,应在距他船5 n mile外即改为手操舵。手操舵时间较长时,必须有两名操舵人员轮换操舵。应监督操舵人员操舵的正确性。

④转换:手操舵与自动舵的相互转换由值班驾驶员负责。转换时,值班驾驶员应亲自操作或监督操舵人员的转换操作,保证操舵系统运转正常和所驶航向的正确、稳定。

⑤核试:值班驾驶员应每小时检查自动舵的运转情况,并核对陀螺罗经、磁罗经航向是否正确,督促操舵人员经常核查。每班至少试验手操舵一次。

3.应急操舵程序（含驾驶台与舵机间通信程序）

(1)手柄应急操舵的转换程序

当自动操舵及随动操舵失灵时,应立即使用手柄应急操舵。

①将操舵仪的"操舵方式"开关放在"手柄"位置。

②扳动手柄进行操舵。

(2)舵机房操舵程序

当操舵装置控制系统或主操舵装置发生故障而又不能在驾驶台进行辅助操舵装置的控制时,则应脱开驾驶台的控制系统,改由在舵机房控制操舵。

①操舵转换开关从"驾驶台(操舵)"模式切换到"舵机房(操舵)"模式。

②安排驾驶员、操舵人员、轮机员各一名到舵机房操舵。

③驾驶员监督操舵人员操舵的准确性。

七、航行设备的使用注意事项

船长和值班驾驶员应熟悉各种航行设备的使用,经常利用各种条件校核设备的误差并做好记录,对各种航行设备,应按说明书操作与保养,并将操作规程张贴在该设备附近。对于各种航行设备,除驾驶员和管理、检修人员外,无关人员未经允许不得擅自动用,实习人员应在有驾驶员在场指导的情况下使用。

驾驶员应严格按照航行计划或船长命令及时、正确地设置、调整雷达、ARPA、电子海图、测深仪、GPS、自动舵等设备的报警参数,参数设定后不得随意更改。应保持航行设备报警功能正常开启,未经船长允许,驾驶员不得随意关闭、隔离或部分取消航行设备报警功能。驾驶台交接班时,驾驶员应认真对航行设备报警功能的设置参数及状态进行检查,如发现异常,应立即恢复正常设置,并报告船长。

过度依赖自动导航和避碰系统可能会产生严重后果,包括发生碰撞、搁浅或污染。

八、航海日志的记载

值班驾驶员要熟悉航海日志的记载要求,按规定正确记载航海日志。

1.航海日志记载基本要求

(1)航海日志是反映船舶运输生产工作的原始记录和重要法定文件之一,必须严格、认真、如实地记载。航海日志记载应符合强制性规定及规则,以及国际海事组织、主管机关、船级社和海运行业组织建议的适用的规则、指南和标准的要求。

(2)航海日志应使用不褪色的蓝黑或黑墨水,用官方语言(地名、人名、船名等可写原文)和规定的缩写代号或符号记载。字体端正、清楚,词句准确、简练,不得任意删改或涂抹,如记错或漏写,应将错误字句用红墨水笔画一横线删去。被删字句应清楚可见,改正人在改正字句后加括号签字。

(3)船舶主要资料经船长审查后应由大副填入航海日志。

(4)左、右页应按时间顺序记录。

(5)大副应每天查阅记录是否符合要求,并逐日签字。船长对监督航海日志记载的正确和完整应负全部责任,并逐日签字。

(6)根据记载内容,事后能重新绘出当时航迹和反映出航行和生产的主要情况。

2.航海日志记载内容

左页记载内容主要包括:航行记载部分;气象、海况记载部分;舱水测量记载和中午测算等。右页记载内容主要包括:抵离港前、离靠码头(浮筒)泊位时、航行中、停泊时等记事栏记载内容和重大事项记事栏。以上记载内容应根据要求严格规范记录。

九、航行交接班

值班驾驶员应熟悉驾驶台程序指南,能清楚交接船位、航海仪器状况、主机和舵的使用、航向、航速以及船长的指令等,进行有效的值班交接,以确保所有重要信息在接班和交班的驾驶台团队成员之间交接,并对照驾驶台交接班检查单进行检查。

(一)交接班前

1.应在驾驶台当面交接,不得通过第三者代为交接,更不允许使用电话交接班。

2.接班人员应至少提前15 min到驾驶台,接班驾驶员熟悉航区情况及船位,阅签气象报告,航行警告和船长驾驶台命令、特殊命令,夜间应在眼睛夜视适应后再按规定接班。

3.交班前的工作包括:

(1)正式交班前不得离开驾驶台。

(2)标准罗经和陀螺罗经已校对完毕,应将校对情况登载于航海日志中,并签名,同时注明"罗经已校对"。

(3)交班驾驶员将周围船舶情况、水文气象及海况、助航设备工作情况、船舶运动状况及其他所有有关资料都告知接班驾驶员。

(二)交接班

1.交接班驾驶员应交接清楚下列情况:

(1)船长对船舶航行有关的常规命令和其他特别指示。

(2)船位、航向、航速和吃水。

(3)当时和预报的潮汐、海流、气象、能见度等因素及其对航向和航速的影响。

(4)在驾驶台控制主机时的主机操作程序和使用方法。

(5)航行环境,包括但不限于:正在使用或在值班期间有可能使用的所有航行和安全设备的工作状况;陀螺罗经和磁罗经的误差;看到的或知道的附近船舶的位置及动态;在值班期间可能会遇到的情况和危险;由于船舶的横倾、纵倾、水比重及船体下沉对富余水深可能造成的影响。

驾驶员交接班亦可参照表2-5-1进行检查。

表 2-5-1　驾驶台交接班检查单

编号	检查项目	是/否
1	应有足够的时间使接班人员适应夜间的光线并保持夜视状态	
2	船长关于航行的日常命令和其他特殊指示	
3	电台日志记录	
4	航海日志记录	
5	航行计划的进度、下一个转向时间和对值班危害的预测	
6	船位、航向、船速、吃水、干舷和富余水深	
7	横倾、纵倾、水比重和船体下沉对富余水深可能造成的影响	
8	当前的通航状况及周边船舶的情况	
9	航行安全信息,包括天气、航行警告	
10	航行和驾驶台设备的状况	是/否

续表

编号	检查项目	是/否
10.1	AIS、自动操舵仪、驾驶台航行值班报警系统、航向、车钟记录簿、电子海图	
10.2	测深仪、GNSS、陀螺罗经和磁罗经、航行灯、号型和信号灯、雷达和 ARPA、航行数据记录仪	
10.3	GNSS、计程仪和陀螺（磁）罗经输出到远程显示器和导航设备的数据准确性	
11	通信设备的状况，包括 EPIRB、NAVTEX、船站、甚高频/高频/中频等	
12	水密门的状况	
13	消防区域的状况	
14	是否有特殊的甲板工作正在进行中？	
15	电子海图	是/否
15.1	ECDIS 是否正常运行？（最近 ECDIS 是否有任何故障或问题？）	
15.2	核实船位以及临近的危险等	
15.3	选定的 ECDIS 安全设置有哪些： □安全水深　□　m □安全等深线　□　m □深水等深线　□　m □浅水等深线　□　m	
15.4	确认 ECDIS 安全设置与航行计划一致	
15.5	确保按照航行计划设置声光报警	
15.6	确认 ECDIS 显示设置符合航行计划	
15.7	查看即将当值使用的航路和航行计划，例如呼叫点	
15.8	检查最新的航行警告和 NAVTEX 信息	
15.9	在上一个值班期间，是否对 ECDIS 进行了任何变更？（例如 ENC 更新）	
15.10	澄清自动舵在用模式，如艏向模式/航迹舵模式，以及转向点设置	
15.11	检查矢量并确认流向/漂移	
15.12	确认测深仪报警开启，仪测水深和图示水深对比结果符合预期	
15.13	检查 ECDIS/AIS 设置，包括本船航行状态	
15.14	检查 ETA/船速	
15.15	确保为航线监控已加载了正确的航线	
15.16	如果交班驾驶员对电子海图设置的参数进行了修改，列出修改项	
16	推进装置和操舵装置状况	是/否
16.1	手操舵测试	
16.2	主机和辅机	
16.3	操舵系统	

2.如果交班驾驶员及水手正在进行船舶操纵或其他避免危险的行动时,交接班应在这种操作完成之后再进行。

3.当交班者发现接班者当时状态不能胜任驾驶职责,应拒绝交班并报告船长。

4.交班水手应与接班水手交接下列事项:

(1)陀螺罗经、磁罗经航向;

(2)周围水面的船舶动态;

(3)操舵仪的工作情况,自动舵、手操舵还是非随动舵;

(4)航行灯、信号灯、信号旗、国旗、号型的使用;

(5)驾驶员的其他指令。

(三)交接班后

1.交班的驾驶员和值班水手,分别在航海日志上签名;

2.水手交接班过程中如有疑问,由当班值班驾驶员解决,必要时请示船长;

3.交班人员不允许在整点前下驾驶台。

第六节　驾驶台团队的职责及资源管理

(本节适用于 500 总吨及以上、未满 500 总吨船舶船长、大副、二/三副)

驾驶台资源管理是针对避免人为失误而协调、利用驾驶台所有人员的技能、知识、经验和驾驶台及以外的其他资源,帮助驾驶台团队达到预期的船舶营运的安全性和有效性。

驾驶台资源管理强调的是船舶驾驶人员在团队形成、团队工作、联系与沟通、领导、决策和管理等方面的技术,并将这一技术运用到有组织和有规律的管理之中。驾驶台资源管理着眼于操作性任务、工作压力、工作态度以及实际风险,并贯穿于航行计划的开始、执行和结束的全过程。驾驶台团队人员应各行其责,团结合作保障船舶的航行安全。

一、驾驶台团队的职责

(一)船长的责任及驾驶台管理规则

船长是船舶安全管理的第一责任人,对人员、船舶、货物安全负责;对船舶的防污染、生产和船舶各项管理工作负领导责任。船长对船舶航行和安全操作负有全面的责任。

船长是船舶航行的组织者和指挥者,负责做好驾驶台的值班安排,确保船舶航行安全。船长应遵守《规则》和相应地方规则指挥船舶安全航行,协调和监督整体值班组织。

船长应准确掌握泊位、港口、调头区、航道、锚地水深、碍航物和富余水深(UKC)等情况,对影响船舶安全航行的外部因素,如风向和风力、流向和流速、航标、通航密度、受限水域等时刻做到心中有数,对港口的规定、拖船的使用、引航员的操纵意图应十分清楚。

接送引航员期间,船长要充分、合理利用驾驶台资源,根据通航情况,评估好并保持合适的驾驶台值班等级;指派一名驾驶员接送引航员,并向驾驶台报告引航员登离船情况。

　　船长是驾驶台管理的负责人,负责督促驾驶台团队人员遵守驾驶台规则,监督驾驶员做好驾驶台设备的维护及保养。驾驶台是船舶航行的指挥中心,应保持严肃、安静;当值人员必须严肃认真,穿着整洁规范;负责航行值班的人员应保持正规瞭望,不得做与值班无关的事情,不得随意离开驾驶台。

(二)值班驾驶员的航行职责

　　1.值班驾驶员是船长的代表,主要责任是船舶安全航行。必须始终遵守《规则》及其他地方性法规,保持正规瞭望,运用良好的船艺,谨慎驾驶。

　　2.坚守岗位,如无船长同意或其他驾驶员正式接替,不得擅自离开驾驶台。

　　3.严格执行船长常规命令和驾驶台命令,如有任何疑问,应及时报告船长。

　　4.任何时候,如果值班驾驶员对船舶安全存在怀疑,务必立即通知船长,同时采取必要的避免风险的行动;值班驾驶员在任何时候都必须毫不犹豫地使用舵、主机、航行设备和声光设备。

　　5.船长虽在驾驶台,但未声明自己指挥船舶前,值班驾驶员不得理解为已被船长接替而放弃履行自己的职责。当船长要亲自指挥船舶时,应用明确的方式告知值班驾驶员。值班驾驶员将接过和交还指挥权的时间和船位记录在航海日志上。船长或引航员指挥船舶航行时,值班驾驶员仍不可疏忽瞭望及其他一切应尽的责任,应及时将发现的情况报告船长或引航员。

　　6.准确、清晰地下达舵令、车钟口令及其他命令并立即检查执行情况。检查值班水手操舵的准确性和自动操舵人员的情况。监督值班水手执行船长/引航员给出的舵令执行情况。

　　7.值班期间检查航行设备的运行情况,如发现或怀疑设备有故障,务必通知船长。

　　8.值班驾驶员须熟知船舶操纵特性,包括冲程、旋回圈等;在避让时应意识到其他船操纵特性可能与本船不同。

　　9.从日没至日出或能见度不良时,及时开启航行灯,并经常检查号灯、号型是否正常显示;在夜间,确保一切有碍瞭望的灯光应予遮蔽。

　　10.在驾驶台值班期间,如条件许可,船长或值班驾驶员应每班利用天体或叠标测量罗经差,将测量结果记录在罗经误差/自差记簿;在大洋航行时,如条件许可,值班驾驶员应利用天体测量船位,将计算过程记录在测天簿,并将船位线标绘在相应海图上,船长应经常进行审阅。

　　11.在使用自动舵航行时,每班督促值班水手至少进行一次自动舵/手操舵转换试验,使用单台和双台舵机分别检查确认驾驶台各位置上手操舵正常可用,并在航海日志上记录;当船舶驶近港口或复杂水域前,值班驾驶员应在航海日志上记录自动舵转为手操舵的时间和船位。

　　12.收到船长接送引航员的指令后,指派非值班驾驶员负责接送引航员,督促水手长做好引航员上下船的接送准备工作,并向驾驶台报告引航员登离船情况。安放舷梯(组合梯)接引航员时,该驾驶员应在舷梯下平台迎接引航员。

　　13.经常用多种方法核测船位,包括对目标的目视观测。当航行于风流压比较大的复杂、狭窄航道,且定位间隔频繁,难以随时监控船位时,应使用雷达"平行避险线"连续监测船位及船舶航行状态。

　　14.值班驾驶员遇到下列情况必须立即通知船长:遇到或预见到能见度不良时;对通航状

况或他船的动态产生疑虑时;收到遇险报警或看到遇险信号时;对保持航向感到困难时;当最新的观测船位和预计的船位严重不符时;在预计时间未能见到陆地、航标或测得水深时;意外地看到陆地、航标或水深突然发生变化时;航行计划更改需要立即批准时;主机、推进机械的遥控装置、舵机或者任何重要的航行设备、报警或指示仪发生故障时;通信或 GMDSS 无线电设备发生故障时;在恶劣天气中,怀疑可能有气象危害时;遇到危及航行的任何情况,诸如冰或漂浮物时;发现任何影响 ETA 的因素时;锚泊或系泊气象变坏时;任何保安事件发生时;出现任何紧急情况时;任何超出值班驾驶员经验的情况或者对船舶安全有任何疑问或者遵守法规要求的能力。尽管在上述情况有立即通知船长的要求,但是值班驾驶员在必要时必须毫不犹豫地采取果断行动确保船舶安全。

(三)值班水手的航行职责

1. 响亮回答并迅速执行船长(或引航员)和值班驾驶员下达的舵令和航向指令。

2. 随时注意舵机的使用工况及磁罗经、陀螺罗经的航向稳定性,如发现有异常情况,应立即报告值班驾驶员并迅速采取相应的应变措施;使用自动舵时,绝不可以放松,仍应负责"监舵"并协助值班驾驶员瞭望。

3. 按规定升降国旗及其他信号旗;按时开启/关闭航行灯,按值班驾驶员的指示,正确显示号灯、号型和信号旗并经常检查其是否正常。

二、沟通协调

在《STCW 规则》Section A-Ⅱ/1 对支持级、操作级和管理级三个级别人员的强制性要求中,有一个共同的要求就是有效沟通。由于船舶特殊的工作环境,船舶上的通信与沟通和陆地上的通信与沟通相比具有以下突出的特点:直接影响船舶安全、通信与沟通途径复杂、通信与沟通障碍较多、须遵守标准的通信与沟通程序。

(一)工作语言

1.应在航海日志和轮机日志的封面或首页内清晰地说明本船使用何种工作语言。

2.船长和其他人员包括引航员之间的语言必须使用经协商确认的工作语言,除非所有人都有相同的母语。

3.在按评估大纲进行评估时,内部信息交流可以使用中文,但车、舵令用英文;无限航区考生和他船沟通时用英文;其他对外沟通视情况而定,如评估员有要求的,应遵守评估员的规定。

(二)船舶重要的通信与沟通

1. 航前会

船舶开航前,船长应集中所有相关人员召开航前会,向他们通报航次相关情况。

航前会应尽早召开,以便留出足够时间供驾驶员和轮机员制订各自的工作计划,如果随后的情况发生了任何变化,船长应重新向所有相关人员通报这些变化。通过航前会,每个船员都能够清楚地了解他们在整个航行计划中的职责,使其能够在团队协作的基础上,高效、有序地操作。

2. 驾驶台与机舱的联系制度

（1）开航前

①船长应当提前24 h将预计开航时间通知轮机长，如停港不足24 h，应当在抵港后立即将预计离港时间通知轮机长；轮机长应当向船长报告主要机电设备情况，燃油、润滑油和炉水存量；如开航时间变更，应当及时更正。

②开航前1 h，值班驾驶员应当会同值班轮机员核对船钟、车钟、试舵等，并分别将情况记入航海日志、轮机日志及车钟记录簿内。

③主机试车前，值班轮机员应当征得值班驾驶员同意，确认船尾附近无障碍物。待主机备妥后，机舱应当通知驾驶台。

（2）航行中

①每班交班前，值班轮机员应当将主机平均转数和海水温度等参数告知值班驾驶员，值班驾驶员应当回告本班平均航速和风向风力，双方分别记入航海日志和轮机日志。每天中午，驾驶台和机舱校对时钟并互换正午报告。

②船舶进出港口，通过狭水道、浅滩、危险水域或抛锚等情况下需备车航行时，驾驶台应当提前通知机舱备车。如遇雾或暴雨等突发情况，值班轮机员接到通知后应当尽快备妥主机。判断将有恶劣天气来临时，船长应当及时通知轮机长做好各种准备。

③因等引航员、候潮、等泊等需短时间抛锚时，值班驾驶员应当将情况及时通知值班轮机员。

④因机械故障不能执行航行命令时，轮机长应当组织抢修，通知驾驶台报告船长，并将故障发生和排除时间及情况记入航海日志和轮机日志。停车应当先征得船长同意。但在情况危急，不立即停车就会威胁人身安全或者主机安全时，轮机长可以立即停车并及时通知驾驶台。

⑤船舶在到港前，应当对主机进行停、倒车试验，当无人值守的机舱需要改为有人值守时，驾驶台应当及时通知轮机员。

3. 驾驶台与船首、船尾的沟通

作业开始前，负责指挥船首、船尾系泊操作的驾驶员应联系驾驶台并报告船首、船尾的准备工作情况。同时，驾驶台也应将包括下列信息的系泊计划及时通报驾驶员：

（1）引航员登船安排：包括在哪一舷安放引航员软梯、软梯的高度、是否需要使用组合梯，以及是否使用引航员升降装置等。

（2）拖船的数量和拖带作业方式。

（3）带缆顺序和系缆数量。

（4）泊位和靠泊程序方面的详细资料。

驾驶员应向相关船员通报系泊计划的具体安排，以便使所有成员都能知道自己在操作过程中的具体职责。驾驶员也应将操作的进展情况及时报告驾驶台，直到系泊作业顺利完成。

4. 与引航站间的通信与沟通

引航员在登船前应与船长就下列内容达成共识：

（1）引航员登船时间和地点。

（2）引航员登船装置：包括在哪一舷安放引航员软梯、软梯的高度、是否需要使用组合梯，以及是否使用引航员升降装置等。

（3）引航员登船时对航速和航向的要求。

（4）需要显示的识别信号。

（三）船舶通信与沟通的技巧

良好的沟通可以消除误解,增加团队的凝聚力,提高船舶指挥人员的情景意识和工作效率,保证船舶这样一个命令型的结构系统正常运作,减少人为事故的发生。因此,船舶指挥人员应掌握一定的沟通技巧。

1. 沟通途径、工具的选择与使用

船上沟通分为船舶内部的船上沟通方式(包括船员之间相互语言沟通、联络簿的文字沟通、肢体语言沟通等方式)、船舶与外部的口头沟通和书面沟通。应根据需要选择最佳的沟通途径和工具,以达到最佳的沟通效果。船舶驾驶员还应能够熟练使用船上通信设备与外界进行沟通联系。

2. 发送与接收

发送者应保证信息交流准确、清晰、简洁并切中要点,尽量减少、限制多余的、没必要的信息传送。接收者要学会耐心聆听,以准确理解发送者的意图,并及时反馈;如有任何疑问,应及时要求澄清。

3. 使用标准的专业术语, 提高英语水平

在船舶的通信与沟通过程中一定要使用专业术语,而不要用乡俗俚语,甚至自己臆造的词语,以免造成误会。

4.遵守标准的沟通程序

比如,车钟令、舵令的发出与执行程序,抛起锚、靠离泊时驾驶台与船首、尾之间的沟通程序等,都严格遵循发出指令→重复指令→执行指令→反馈指令的程序。这个程序是一个严格的闭环沟通程序,沟通过程中缺失了任何一个环节都会造成沟通的错误、障碍或中断。另外,重要、关键的信息要注意重复。

5.使用 "4W1H" 进行沟通

为使语言沟通更明确,避免产生误解,IMO 推荐在布置工作任务时使用"4W1H"的方式进行沟通。

6.使用信息标志

在进行口头沟通,尤其是通过 VHF 进行沟通时,为了使沟通清晰准确,船舶驾驶员应养成使用信息标志的习惯:

（1）Question:表示下述信息带有疑问性质。

（2）Answer:表示下述信息是对先前问题的回答。

（3）Request:表示下述信息是在要求他人(船)采取与本船有关的相应行动。

（4）Information:表示下述信息仅限于事实观察得出。

（5）Intention:表示下述信息意在告知他人(船)本船的意图、计划或行动。

（6）Warning:表示下述信息意在告知他人(船)航行中的危险。

（7）Advice:表示下述信息的意图是发送方将以建议的形式影响信息接收方。

（8）Instruction：表示下述信息的意图是发送方将根据规则的要求影响信息接收方。

7.主动提醒

主动提醒是指在工作中没有被要求的情况下主动提出建设性的意见或提示，例如，毫不犹豫地提醒某人或指出其面临的危险，或在未被询问的情况下主动向上级传递有用的信息，清楚地讲述有关事宜并要求反馈等。船上工作应坚持不懈地鼓励这样的行为方式，主动提醒是提高他人情景意识的有效方法。

8.质询

驾驶台班组的每位成员都应认识到每个人在船舶安全航行中所起到的重要作用，安全取决于每位成员尽自己的能力履行其职责，每位成员必须认识到船舶安全不应该有赖于仅仅某个人的决定，应仔细检查所有决定和命令，并监视其执行。

如果低资历成员认为某个决定对船舶并不是最好的话，其必须毫不犹豫地提出自己的看法，充分利用驾驶台所有资源，消除成员中任何一人可能引起严重后果的失误，例如船长或引航员下达了错误的指令、VTS下达了错误的指令、值班驾驶员摇错了车钟、操舵人员操错了舵或航向、值班驾驶员定位错误或使用电子导航系统错误等。

例如本船在狭水道中航行，有本船人员意外落水，VTS指令使用单旋回救助落水人员，接到指令后驾引人员通过评估，该水域可航水域不足，应向VTS中心提出质询，说明情况并提出救助方案。再如，在申请锚位时，VTS指令的锚位下有海底管线，应毫不犹豫地提出该锚位不适合锚泊作业等。

三、船上常规指令

根据船舶驾驶台工作情况，船舶常规指令可分为船长常规命令、舵令、车钟令、带缆作业口令、抛起锚口令等。

（一）船长常规命令

船长常规命令由船长发布，驾驶员阅签。船长调动时，由接班船长重新发布，驾驶员阅签。船长常规命令仅根据通用情况编制，各船船长应根据本船操纵特性、人员特点和航区等提出适用于本船的具体要求，对船舶驾驶员在航行及锚泊值班中的常规工作做出规定。船长常规命令不取代船舶安全航行及相关须知文件。在船舶工作中，船长将以航行计划、驾驶台命令簿或其他方式对本命令进行补充。

船长常规命令也是驾驶员交接班工作内容中的一项。

（二）舵令

操舵人员要严格遵照舵令操舵，未得到舵令不能任意改变航向，还必须及时复述和报告执行情况。如有疑问，要互相及时提醒，以防发错或听错舵令乃至操错舵角。值班驾驶员与操舵人员要密切配合，值班驾驶员行使监舵职责。

（三）车钟令

值班驾驶员要严格遵照车钟令进行操作，必须及时复述和报告执行情况，如有疑问要及时提出质询,以防发错或听错车钟令,乃至操错车钟。发令人员应行使监控职责。

(四)带缆作业口令

带缆作业口令由驾驶台传达到船头或船尾。船舶首、尾负责指挥的驾驶员听到口令后应复述,执行完毕再报告驾驶台,以免出错。

(五)抛起锚口令

抛起锚口令由驾驶台发出。船首负责指挥驾驶员听到抛起锚口令后立即复诵一次并指导水手长或木匠执行,执行完毕再报告驾驶台,以免出错。

四、领导与决策

驾驶台团队领导应侧重授权驾驶台团队成员来完成各项管理活动,并使用有助于指挥决策的从导航设备和系统获得的信息,以保证航行安全。因此,为了使驾驶台团队具有良好的情景意识且能随时有效地应对环境和局面的变化,处于指挥位置的船长或值班驾驶员应发挥其领导才能,准确判断船舶所处的环境和情况,对需要采取的行动做出合理决策。

五、情景意识

情景意识是船舶驾驶台团队在特定的时段里和特定的情景中对影响船舶和船员的各种因素、各种条件的准确感知。简而言之,情景意识是船员对自己所处环境的认识,也就是船员要知道自己周围已经发生、正在发生和将要发生什么事情。

情景意识与安全密切相关,情景意识越强,事故风险越小;低情景意识产生高风险,高情景意识则产生低风险。丧失情景意识表明一个失误链正在形成。

(一)驾驶台情景意识的表现内容

为了确保船舶航行与作业的安全,驾驶人员必须保持良好的情景意识。有关船舶航行和作业的情景意识的内容主要表现在如下方面:

1.敏捷地察觉船舶周围的实际情况与变化趋势的注意力。

2.正确地感知自己船舶的实际条件、状态与其变化的理解力。

3.全面地了解周围情况和船舶条件、状态变化对船舶运动影响的判断力。

4.合理地采取有效措施与方法确保船舶安全的执行力。

(二)保持良好的情景意识

保持良好的情景意识关乎船舶的安全,驾驶台团队需要时刻注意提高整个团队和团队每个成员的情景意识。

1.驾驶台团队的良好的情景意识包括:正确地感知船舶本身的实际情况与变化趋势;敏锐地察觉船舶周围的实际情况与变化趋势;全面地了解周围情况变化对船舶运动的影响;正确地预测船舶即将面临的局面和安全状况。

2.在平时的工作中最大限度地加强值班驾驶员情景意识的培养。例如,如何正确感知周围情况、敏感地察觉周围情况的变化、全面了解周围情况变化的影响、正确考虑即将面临的情况和危险等。

3.充分认识驾驶台团队其他成员的作用。单凭个人的力量是不可能保持高水平的情景意识的,任何个人都需要其他成员的协助。团队成员应认识到承担的任务与发挥的作用,并做好分内的工作。

4.船舶航行安全是动态的,因而情景意识也是动态的。应注意船舶周围的环境和情况的变化,使驾驶台团队及每个团队成员的情景意识适合当时的环境和情况。

(三)情景意识丧失的征兆

情景意识的丧失意味着失误链的产生,表明风险的存在,因此,工作中应注意发现情景意识丧失的征兆,使驾驶台团队始终保持良好的情景意识。情景意识丧失的征兆表现为:不确定性、精神涣散、感知不全面或混乱、通信或沟通的中断、指挥或瞭望不当、偏离计划航线、违反已建立的规则和程序、自满等。

第七节　航行值班评估练习题

航行值班评估练习题主要包括船长进港航行、大副特殊水域航行和二/三副航行值班。以下分别列举评估练习题。

一、船长进港航行

(本部分适用于 500 总吨及以上、未满 500 总吨船舶船长)

(一)评估方式

以大连港进港场景为例,使用航海模拟器进行评估。船舶资料如下:

船名	KangHe
呼号	BOSD
类型	Container
载态	F
船长(m)	259
船宽(m)	32
吃水(m)	9.5
设计船速(kn)	16.0
排水量(t)	43 067

(二)任务描述

船舶初始位置 38°51.17′N,121°47.29′E。船舶先到引航站接引航员,然后驶往 18#泊位进行靠泊作业。

预设能见度为 15 n mile,风向为 045°,风速为 6 m/s,海流流向为 000°,流速为 1 kn。

控制台模拟 VTS、目标船舶、引航站或引航艇与本船联系;驾驶员协助船长操作及完成对内对外联系工作。引航员登船后,假定船长继续指挥船舶进港航行,按计划驶向预定泊位。三位考生轮换担任船长,控制台通过预设题卡或根据评估员的要求,确保每位考生担任船长期间,场景均出现多种会遇态势船舶、不同能见度及海况和随机出现的偶发应急事件(应急事件处置详见本书第三章)。

(三)操作要求

每位考生均需完成进港航行和应急事件处置操作,然后根据评估员的指令轮换角色;轮换角色时,考生应按照驾驶台程序交接班,并向控制台报告。

船长进港航行之航行水域如图 2-7-1 所示。

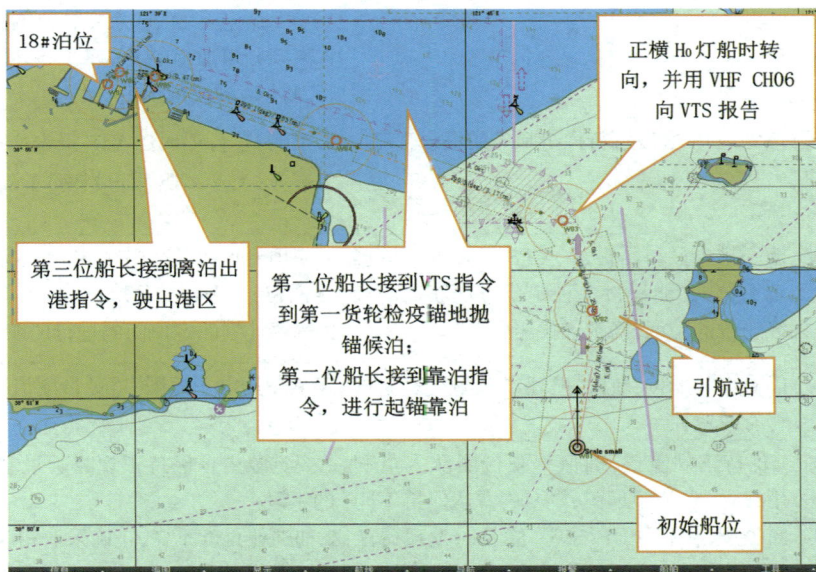

图 2-7-1 船长进港航行之航行水域

1.考生 A 担任船长,考生 B 担任驾驶员,考生 C 担任操舵水手。

(1)航行阶段:联系引航站,在引航站接引航员上船;船长指挥船舶进港航行,过程中接到 VTS 指令到第一货轮检疫锚地抛锚候泊;接到抛锚候泊指令后,船长要指示驾驶员立即修改航次计划,并进行相应的检查评估核准,确保航行安全。

(2)航行中出现交叉相遇、追越等会遇态势船舶,大风浪天气和随机出现的偶发应急事件。

(3)操纵船舶在指定锚地抛锚候泊。

2.考生轮换角色,考生 B 担任船长,考生 C 担任驾驶员,考生 A 担任操舵水手。

（1）航行阶段：本船接到靠泊指令，船长操纵船舶起锚，前往18#泊位进行靠泊；

（2）航行中出现对遇、交叉相遇等会遇态势船舶，能见度不良和随机出现的偶发应急事件；

（3）操纵船舶靠泊作业。

3.考生轮换角色，考生 C 担任船长，考生 A 担任驾驶员，考生 B 担任操舵水手。

（1）航行阶段：本船接到离泊出港指令，驶出港区；

（2）指挥船舶离泊掉头；

（3）航行中出现追越、交叉相遇等会遇态势船舶，能见度不良和随机出现的偶发应急事件。

（四）评估要素、评价标准及注意事项

表 2-7-1 为评估要素、评价标准及注意事项。

表 2-7-1　评估要素、评价标准及注意事项

评估要素	评价标准	注意事项
1.掌握分道通航制、狭水道航行方法	熟悉分道通航制、狭水道的航行方法，确保航行安全及遵守规则	1.在大三山水道内需要遵守分道通航制的相关规定； 2.本区域属于大连湾及大窑湾水域商渔船碰撞高风险警示区，注意避让渔船； 3.离开分道通航制后，属于狭水道航行，要遵守狭水道的航行规定
2.遵守 VTS 区域航行规定和船舶报告程序	遵守 VTS 区域航行规定和船舶报告程序	1.正横 H_0 灯船时向 VTS 报告； 2.遵守《大连 VTS 用户指南》的航行规定
3.使用助航设备确定船位	能安排人员利用雷达、GPS 等多种手段确定船位，并能评价各种定位方法获取的最终船位的精度，确定最优船位	1.使用目视、雷达、GPS、测深仪等多种手段确定船位，并进行交叉检查； 2.按照计划的定位间隔进行船舶定位
4.使用电子海图监控航行	能对本船船位、航向、航速以及附近船舶进行有效监控	正确使用电子海图，避免过度依赖电子海图
5.保持航行安全的措施	1.保持正规瞭望：确保驾驶台团队人员利用视觉（包括望远镜）、AIS、雷达保持不间断瞭望，保持 VHF 守听，能及时发现碍航物和周围船只，并对其进行系统性观测； 2.能及时发现能见度的变化，能见度不良时，安排人员采取相应的安全措施； 3.采用安全航速	1.视觉瞭望是保持正规瞭望最基本和最主要的手段； 2.如遇能见度不良，正确采取相应措施； 3.根据《规则》采用安全航速
6.局面的判断与避让措施	1.准确判断追越、对遇和交叉局面以及多船会遇局面； 2.避让措施符合"早、大、宽、清"要求，安全避让他船，不与他船发生碰撞或紧迫危险	1.根据《规则》正确判断会遇局面； 2.多船会遇是一种特殊情况，在采取行动时应遵循良好船艺中的避碰协调原则，不仅要考虑与某一来船的协调，更要注重与多艘来船整体上的协调，适当时可利用 VHF 协调避让； 3.根据《规则》采取避让措施

在实操过程中用到的沟通如下：

1.开航后用 VHF CH06 与引航站通信,确认引航员上船时间及如何布置引航梯：

OOW：Dalian pilot station, Dalian pilot station, this is M/V KangHe calling. Over.

PILOT：M/V KangHe, this is Dalian pilot station, go ahead（come in）please. Over.

OOW：Dalian pilot station, this is M/V KangHe. My ETA at Dalian pilot station is 1200LT. Over.

PILOT：M/V KangHe, what is your freeboard? Over.

OOW：Dalian pilot station, my freeboard is 8.2 meters. Over.

PILOT：M/V KangHe, the pilot will embark at 1210LT, please rig the pilot ladder on port side 1 meter above water. Make a boarding speed of 5 knots. Over.

OOW：Dalian pilot station, the message received, pilot boarding time 1210LT; rig the pilot ladder on port side 1 meter above water; boarding speed 5 knots. Over.

PILOT：M/V KangHe, all correct. Out.

2. 正横 H_0 灯船时,用 VHF CH06 向大连 VTS 报告：

OOW：Dalian VTS, Dalian VTS, this is M/V KangHe calling. Over.

VTS：M/V KangHe, this is Dalian VTS, go ahead（come in）please. Over.

OOW：Dalian VTS, this is M/V KangHe, now passing VTS report line. My call sign：Bravo Oscar Sierra Delta,my GPS position：latitude 38 degrees 54 decimal 3 minutes North, longitude 121 degrees 47 decimal 1 minutes East,I will proceed to the berth No.18.Over.

VTS：M/V KangHe,what is your maximum draft? Over.

OOW：Dalian VTS, my maximum draft is 9.5 meters. Over.

VTS：M/V KangHe,do you have got any dangerous cargo on board? Over.

OOW：Dalian VTS, no dangerous cargo on board. Over.

VTS：M/V KangHe, your message received, please navigate with caution and standby on channel 06. Out.

3.关于 VHF 沟通协调避让的内容,请参照本节二/三副评估实例。

4.关于航行中应急反应的通信内容,请参照本书第三章的应急反应实例。

二、大副特殊水域航行

（本部分适用于 500 总吨及以上、未满 500 总吨船舶大副）

（一）评估方式

以新加坡西行场景为例,使用航海模拟器进行评估。船舶资料如下：

船名	NingAn
呼号	BRBE
类型	Bulk Carrier
载态	F
船长（m）	184
船宽（m）	32
吃水（m）	9.5
设计船速（kn）	10.7
排水量（t）	44 549

（二）任务描述

船舶初始位置 01°17.23′N，104°07.82′E，航经 Eastern Boarding Ground C（PEBGC）引航站，驶往 Eastern Bunkering C（AEBC）锚地。

预设能见度为 15 n mile，风向为 045°、风速为 10 m/s，海流流向为 235°、流速为 0.2 kn。

驾驶船舶航行期间，控制台设置多种会遇态势船舶、不同能见度及海况和随机出现的偶发应急事件；控制台模拟 VTS、目标船舶与本船联系；考生轮换角色时，控制台继续按以上要求设置场景。

（三）操作要求

考生轮流担任大副，驾驶船舶按照计划航线先后完成航行和应急处置任务（应急处置详见第三章）；驾助协助瞭望、定位、内外通信联络，按照大副的指令操作车钟；无限航区考生外部通信使用英语。轮换角色时，考生应按照驾驶台程序交接班，并向控制台报告。

大副特殊水域航行之航行水域如图 2-7-2 所示。

1.考生 A 担任大副，考生 B 担任驾助，考生 C 担任操舵水手。

（1）航行阶段：大副驾驶船舶在新加坡航道西行，过程中因天气海况恶劣或应急处置等原因，决定航经 East Johor Strait（PJSB）引航站前往 Eastern Bunkering A（AEBA）锚地抛锚；

（2）航行中出现多种会遇态势船舶及多船会遇局面，大风浪天气和随机出现的偶发应急事件；

（3）操纵船舶在指定锚地抛锚。

2.考生轮换角色，考生 B 担任大副，考生 C 担任驾助，考生 A 担任操舵水手。

（1）航行阶段：按照 VTS 或控制台指令进行起锚作业，并继续执行航行计划；

（2）在进入 Sector 8 时，通过 VHF CH14 向 VTIS Central 报告；

（3）航行中出现多种会遇态势船舶及多船会遇局面，大风浪天气和随机出现的偶发应急事件。

3.考生轮换角色，考生 C 担任大副，考生 A 担任驾助，考生 B 担任操舵水手。

（1）航行阶段：按照评估员要求继续轮换角色后，大副驾驶船舶继续前往 Eastern Boarding Grounding C（PEBGC）引航站，到指定锚地 Eastern Bunkering C（AEBC）抛锚；

（2）航行中出现追越、交叉相遇等会遇态势船舶、能见度不良和随机出现的偶发应急事件；

（3）按需要进行抛锚作业。

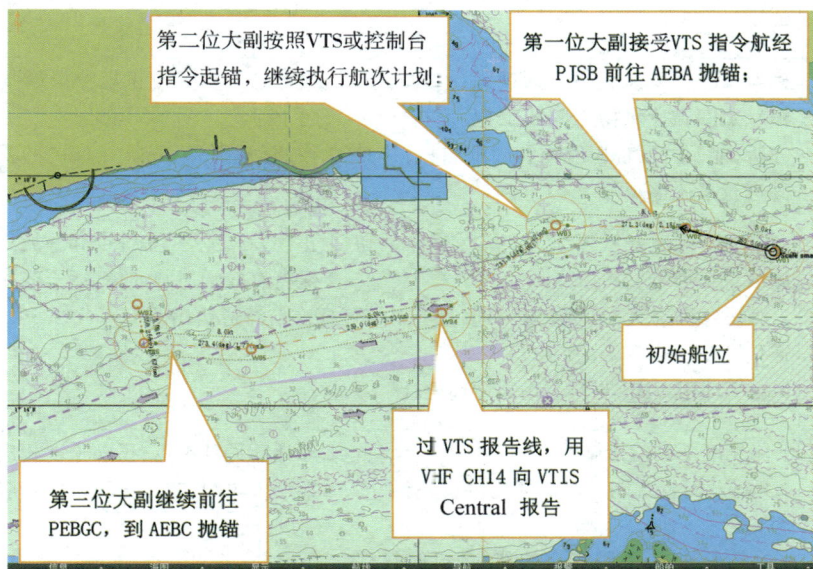

第二位大副按照VTS或控制台指令起锚，继续执行航次计划；

第一位大副接受VTS指令航经 PJSB 前往 AEBA 抛锚；

初始船位

过 VTS 报告线，用 VHF CH14 向 VTIS Central 报告

第三位大副继续前往 PEBGC，到 AEBC 抛锚

图 2-7-2　大副特殊水域航行之航行水域

（四）评估要素、评价标准及注意事项

表 2-7-2 为评估要素、评价标准及注意事项。

表 2-7-2　评估要素、评价标准及注意事项

评估要素	评价标准	注意事项
1.掌握分道通航制、狭水道航行方法	熟悉分道通航制、狭水道的航行方法，确保航行安全及遵守规则	1.在新加坡航道内西行，要遵守 *Passage Planning Guide—Straits of Malacca and Singapore* 的相关规定； 2.要遵守《规则》关于分道通航制和狭水道的相关规定
2.遵守 VTS 区域航行规定和船舶报告程序	熟悉 VTS 区域的相关规定，能保持 VHF 守听，并按程序报告	1. 在进入 Sector 8 时，通过 VHF CH14 向 VTIS Central 报告； 2.在航行过程中，注意守听需要值守的 VHF 频道
3.使用助航设备确定船位	能安排人员利用雷达、GPS 多种手段确定船位，并能评价各种定位方法获取的最终船位的精度，确定最优船位	1.使用目视、雷达、GPS 等多种手段确定船位，并进行交叉检查； 2.按照计划的定位间隔进行船舶定位

续表

评估要素	评价标准	注意事项
4.使用电子海图监控航行	能对本船船位、航向、航速以及附近船舶进行有效监控	正确使用电子海图,避免过度依赖电子海图
5.保持正规瞭望	确保驾驶台团队人员利用视觉(包括望远镜)、AIS、雷达保持不间断瞭望,保持 VHF 守听,能及时发现碍航物和周围船只,并对其进行系统性观测	1.视觉瞭望是保持正规瞭望最基本和最主要的手段; 2.按照《规则》第五条"瞭望"的要求保持正规瞭望
6.沟通协调	1.能按照驾驶台程序发布舵令、车钟令和施放汽笛声号; 2.驾驶台班组人员间有效沟通,船上内部通信顺畅; 3.能主动用 VHF 与对方沟通协商避让	1.正规发布舵令、车钟令和施放汽笛声号; 2.保持有效沟通与通信,适当使用信息标志和标准航海通信用语
7.特殊天气航行措施	1.能见度不良的措施: 1.1 能及时发现能见度的变化,估算能见度距离; 1.2 备车备锚,采用安全航速,开启航行灯和雾笛,加强瞭望和定位等。 2.大风浪航行措施(未满 500 总吨船舶大副不适用): 2.1 绑扎加固、调整压载等; 2.2 根据风向、风速的变化,调整航向、航速,监测船位等	1.如遇能见度不良,正确采取相应措施; 2.如遇大风浪航行,正确采取相应措施
8.局面的判断与避让措施	1.准确判断追越、对遇和交叉局面以及多船会遇局面; 2.避让措施符合"早、大、宽、清"要求,安全避让他船,不与他船发生碰撞或紧迫危险	1.根据《规则》正确判断会遇局面; 2.根据《规则》采取避让措施

在实操过程中用到的沟通如下:

1. 在进入 Sector 8 时,通过 VHF CH14 向 VTIS Central 报告如下:

OOW:VTIS Central, VTIS Central, this is M/V NingAn calling. Over.

VTS:M/V NingAn, this is VTIS Central, go ahead(come in)please. Over.

OOW:VTIS Central, this is M/V NingAn, now passing VTIS report line. My call sign: Bravo Romeo Bravo Echo,my GPS position latitude 01 degrees 16 decimal 0 minutes North, longitude 104 degrees 02 decimal 2 minutes East.I am westbound vessel,will proceed to Eastern Bunkering C(AE-BC)anchorage. Over.

VTS:M/V NingAn,what is your maximum draft? Over.

OOW:VTIS Central, my maximum draft is 9.5 meters. Over.

VTS:M/V NingAn,do you have got any dangerous cargo on board? Over.

OOW：VTIS Central，no dangerous cargo on board. Over.

VTS：M/V NingAn，your message received，please navigate with caution and standby on channel 14. Out.

2.关于 VHF 沟通协调避让的内容,请参照本节的二/三副评估实例。

3.关于航行中应急反应的通信内容,请参照本书的第三章应急反应实例。

三、二/三副航行值班

(本部分适用于 500 总吨及以上、未满 500 总吨船舶二/三副)

(一)评估方式

以新加坡东行场景为例,使用航海模拟器进行评估。船舶资料如下:

船名	COSGREAT LAKE
呼号	HORS
类型	Oil Tanker
载态	F
船长(m)	333
船宽(m)	60
吃水(m)	20.88
设计船速(kn)	11.8
排水量(t)	338 975

(二)任务描述

初始位置 $01°04.27'$ N, $103°36.83'$ E,沿新加坡航道东行,依次通过 Racon(D) 和 Racon(TK),驶往 Buffalo Rock 附近。

预设能见度为 15 n mile,风向为 045°、风速为 6 m/s,海流流向为 055°、流速为 0.5 kn。

本船航行中,控制台先后设置不同会遇态势船舶、不同能见度及海况和随机出现的偶发应急事件;控制台模拟 VTS、目标船舶与本船联系;考生轮换角色时,控制台继续按以上要求设置场景。

(三)操作要求

考生轮流担任驾驶员,驾驶船舶按照计划航线航行和进行应急处置;驾助协助瞭望、定位、内外通信联络(无限航区考生对外联络使用英语)并显示相应的号灯、号型;操舵水手按照驾驶员的舵令操舵;考生轮换角色时,应遵守驾驶台交接班程序,并向控制台报告。

二/三副航行值班之航行水域如图 2-7-3 所示。

1.考生 A 担任驾驶员,考生 B 担任驾助,考生 C 担任操舵水手。

(1)航行阶段:驾驶员驾驶船舶在新加坡航道东行,过程中控制台先后设置不同会遇态势

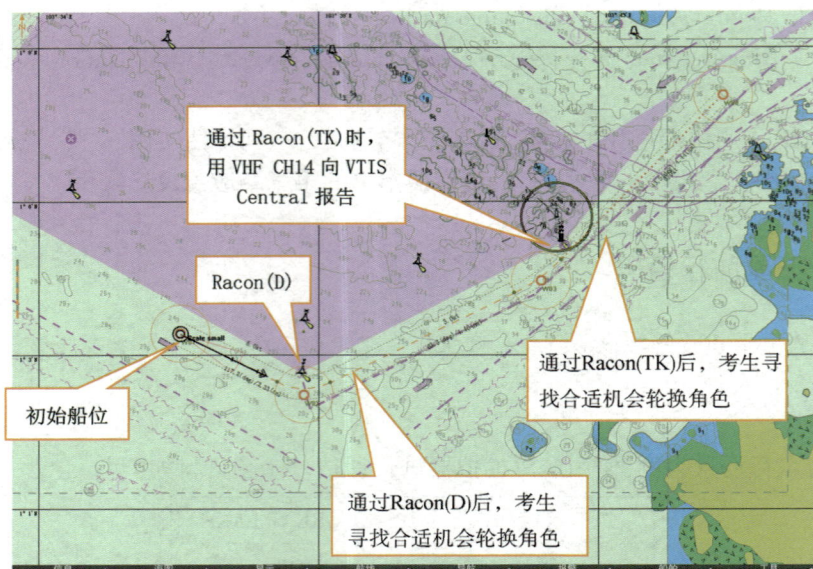

图 2-7-3　二/三副航行值班之航行水域

船舶、不同能见度及海况和随机出现的偶发应急事件;

（2）在通过 Racon（D）转向时,要按照操舵程序操舵,并注意 ROT 的良好运用;

（3）通过 Racon（D）后,考生寻找合适机会轮换角色,按照交接班程序进行交接。

2.考生轮换角色,考生 B 担任驾驶员,考生 C 担任驾助,考生 A 担任操舵水手。

（1）航行阶段:考生轮换角色后,继续执行航行计划,过程中控制台先后设置不同会遇态势船舶、不同能见度及海况和随机出现的偶发应急事件;

（2）通过 Racon（TK）时,即进入 Sector 8 时,用 VHF CH14 向 VTIS Central 报告;

（3）通过 Racon（TK）后,考生寻找合适机会轮换角色,按照交接班程序进行交接。

3.考生轮换角色,考生 C 担任驾驶员,考生 A 担任驾助,考生 B 担任操舵水手。

（1）航行阶段:考生轮换角色后,继续执行航行计划,过程中控制台先后设置不同会遇态势船舶、不同能见度及海况;

（2）在 Buffalo Rock 附近,船舶发生搁浅;

（3）正确处理搁浅应急反应后,评估结束。

（四）评估要素、评价标准及注意事项

表 2-7-3 为评估要素、评价标准及注意事项。

表 2-7-3　评估要素、评价标准及注意事项

评估要素	评价标准	注意事项
1.掌握分道通航制、狭水道航行方法	熟悉分道通航制、狭水道的航行方法,遵守相关航行规则	1.在新加坡航道内东行,要遵守 *Passage Planning Guide—Straits of Malacca and Singapore* 的相关规定; 2.要遵守《规则》关于分道通航制和狭水道的相关规定

续表

评估要素	评价标准	注意事项
2.遵守 VTS 区域航行规定和报告程序	熟悉 VTS 区域的相关规定,能保持 VHF 守听并按程序报告	1.在进入 Sector 8 时,通过 VHF CH14 向 VTIS Central 报告; 2.在航行过程中,注意守听需要值守的 VHF 频道
3.使用助航设备确定船位	1.能正确选取可利用的陆标,利用雷达测定物标的方位距离,在海图上绘画船位线并确定观测船位; 2.能同时利用 GPS 船位校核观测船位的精度和误差	1.使用目视、雷达、GPS、测深仪等多种手段确定船位,并进行交叉检查; 2.按照计划的定位间隔进行船舶定位
4.航行监控	能使用电子海图、GPS、AIS 等对本船船位、航向、航速进行有效监控,与危险物保持安全距离	1.正确使用电子海图、GPS、AIS 等助航仪器; 2.对本船船位、航向、航速进行有效监控,与危险物保持安全距离,注意不要触碰航标
5.保持正规瞭望	1.能利用视觉(包括望远镜)、AIS、雷达保持不间断瞭望,保持 VHF 守听; 2.使用雷达瞭望包括:熟练操作雷达,交替使用量程,对周围船舶进行系统性观测等	1.视觉瞭望是保持正规瞭望最基本的和最主要的手段; 2.按照《规则》第 5 条瞭望的要求保持正规瞭望; 3.适当正确使用雷达
6.沟通协调	1.能使用工作语言与其他值班船员有效沟通; 2.能使用 VHF 设备及规范的通信用语与他船沟通; 3.能正确使用声光信号	1.正确使用工作语言与其他值班船员有效沟通; 2.保持有效沟通与通信,适当使用信息标志和标准航海通信用语; 3.根据《规则》正确使用声光信号
7.能见度不良的安全措施	1.能及时发现能见度的变化,估算能见度距离; 2.通知船长上驾驶台,备车备锚,采用安全航速,开启航行灯和雾笛,加强瞭望和定位等	1.能有效估算能见距离; 2.如遇能见度不良,正确采取相应措施
8.识别各种局面和避让责任	能准确判断追越、对遇和交叉局面以及多船会遇局面,明确船舶之间的避让关系和责任	根据《规则》正确判断会遇局面,明确船舶之间的避让关系和责任
9.采取安全有效的避让措施	1.避让措施符合"早、大、宽、清"的原则; 2.能见度不良时,对于动态不明的船舶,能采取减速、停船甚至倒车等避让他船; 3.避让措施有效,不与他船发生碰撞或紧迫危险	1.根据《规则》采取适当避让措施; 2.避让措施有效,不与他船发生碰撞或紧迫危险

续表

评估要素	评价标准	注意事项
10.按照操舵程序操舵	熟悉舵令和操舵程序,按照驾驶员的舵令熟练操舵	严肃、认真、正规发布舵令并熟练操舵
11.按规定记载航海日志	熟悉航海日志的记载要求,按规定正确记载航海日志	按照航海日志的记载要求,正确记载航海日志
12.交接班符合交接班程序	熟悉驾驶台程序指南,能清楚交接船位、航海仪器状况、主机和舵的使用、航向、航速以及船长的指令等	能正确使用驾驶台交接班检查单

在实操过程中用到的沟通如下:

1.追越

(1)本船为追越船

OOW:Yinhe T1,Yinhe T1,this is M/V COSGREAT LAKE calling. Over.

Yinhe T1:M/V COSGREAT LAKE, this is Yinhe T1, go ahead (come in) please. Over.

OOW:Yinhe T1, M/V COSGREAT LAKE will overtake you on your portside, please keep your course and speed. Over.

Yinhe T1:M/V COSGREAT LAKE, copy your message,I will keep my course and speed, please keep sharp lookout and navigate with caution. Out.

(2)本船被追越

OOW:Yinhe T2, Yinhe T2, this is M/V COSGREAT LAKE calling. Over.

Yinhe T2:M/V COSGREAT LAKE, this is Yinhe T2, go ahead (come in) please. Over.

OOW:Yinhe T2, you are overtaking me, what's your intention? Over.

Yinhe T2:M/V COSGREAT LAKE,I will overtake you on your portside, please keep your course and speed. Over.

OOW:Yinhe T2, copy your message, please keep sharp lookout and navigate with caution. Out.

2. 对遇局面

OOW:Yinhe T3, Yinhe T3, this is M/V COSGREAT LAKE calling. Over.

Yinhe T3:M/V COSGREAT LAKE, this is Yinhe T3, go ahead (come in) please. Over.

OOW:Yinhe T3, now we are head-on situation, as per the COLREGs, we should both alter course to starboard and pass port to port. Over.

Yinhe T3:M/V COSGREAT LAKE, copy your message,I will alter course to starboard and pass port to port, please keep sharp lookout and navigate with caution. Out.

3.交叉相遇局面

(1)我船为让路船

OOW:Yinhe T4, Yinhe T4, this is M/V COSGREAT LAKE calling. Over.

Yinhe T4:M/V COSGREAT LAKE, this is Yinhe T4, go ahead (come in) please. Over.

OOW: Yinhe T4, now we are crossing situation, as per the COLREGs, I am give-way vessel, I will reduce my speed and pass your astern, please keep your course and speed. Over.

Yinhe T4: M/V COSGREAT LAKE, copy your message, I will keep my course and speed, please keep sharp lookout and navigate with caution. Out.

（2）我船为直航船

OOW: Yinhe T5, Yinhe T5, this is M/V COSGREAT LAKE calling. Over.

Yinhe T5: M/V COSGREAT LAKE, this is Yinhe T5, go ahead（come in）please. Over.

OOW: Yinhe T5, now we are crossing situation, as per the COLREGs, I am stand-on vessel, what's your intention? Over.

Yinhe T5: M/V COSGREAT LAKE, I will alter course to starboard and pass your astern. Please keep your course and speed. Over.

OOW: Yinhe T5, copy your message, please keep sharp lookout and navigate with caution. Out.

4.关于与 VTS 沟通的内容,请参照本节大副评估实例。

第三章

航行中应急反应

第一节　人员落水

（本节适用于500总吨及以上、未满500总吨船舶船长、大副、二/三副）

船舶航行中落水者的体力消耗很快，尤其在低温水域更是如此。因此，必须在尽量短的时间内将落水者救起。营救落水者是突发事件，不同的事故现场情势不同，可制订一个总体营救计划，确保每个人都了解这个计划和明确自己的任务，按应急部署投入应急反应，有效地实施营救。

一、立即行动

1.驾驶台应立即停车并向落水者一舷操满舵，摆开船尾，以免船尾螺旋桨打到落水者；
2.应立即投下就近的带自亮灯和烟雾信号的救生圈；
3.确定船位(例如使用 GPS)，在 ECDIS 或纸质海图上记录人员落水位置；
4.报告船长；
5.通知机舱备车。

二、启动应急程序

1.发出人员落水警报，警报信号为：右舷人员落水 ———●，左舷人员落水：———●●；
2.进行全船广播，启动人员落水应急预案，进入人员落水应急部署状态；
3.派专人携带望远镜登高瞭望，不断报告落水者的方位和大概距离；
4.向有关主管机关(如 VTS 或港口当局)通报；
5.准备救生艇或救助艇；
6.发布航警，要求附近航行船舶主动避让。

三、后续救助行动

人员落水后,应根据当时的情况操纵船舶驶近落水者,以便放艇救助。指挥人员应评估现场的航行风险,充分考虑到船舶本身的操作性能、营救现场的天气和环境状况、落水人员在水中的位置及落水人员的数量和状况等。根据风和流的方向,选择适当的角度,谨慎低速驾驶船舶靠近营救目标。

(一)在受限水域人员落水后续行动

1.停车,向落水者一舷操满舵。

2.待落水人员过船尾后,正舵并减速,控制船位在落水者附近安全水域(本船不做旋回)。

3.向 VTS 申请释放救助(生)艇。

4.控制船速,在船速降至 5 kn 以下时安排人员释放救助艇救人。海面有风、浪时,应将船舶驶至落水者的上风侧,从下风舷放下救助艇,救助艇下水后,尽快从落水者的下风靠近落水者。

5.救起落水人员后,应检查落水人员的身体状况,视需要采取急救措施。将救助艇回收系固完毕后,报告船长。

6.船长视情况报告有关主管机关(如 VTS 或港口当局),申请复航;并取消航警。

(二)在开敞水域人员落水后续行动

1.人员落水后的船舶操纵行动分为立即行动、延迟行动和人员失踪。

(1)立即行动:操船者发现落水人员后立即采取操船行动,并使船舶在最短的时间内返回落水者位置进行救助。

(2)延迟行动:操船者接到目击者报告有人员落水后采取操船行动,使船舶较准确地返回落水者位置进行救助。

(3)人员失踪:操船者接到人员失踪报告后采取操船行动,使船舶返回原航迹线上进行搜寻行动。

2.驶近落水者的操船方法,主要有单旋回操纵法、双半圆旋回操纵法、威廉逊旋回法、斯恰诺旋回法等。由于外界环境影响下的操纵性能的变化和采取行动的时间不同,接近落水人员应采取不同的操船方法。

(1)单旋回操纵法(见图 3-1-1)

①停车,向落水者一舷操满舵;

②落水者过船尾后,进车加速;

③当船首转至距落水者差 20°时,正舵,减速,适时停车,利用惯性转至对准落水者上风侧,把定,接近落水者;

④如落水者位置难以确认时,应在艏向转过 250°时正舵,边减速边努力搜寻落水者,发现落水者后立即停车,驶向落水者上风侧。

本法最适用于"立即行动"的情况,是船舶接近落水人员最快、最有效的操纵方法,但不适用于"延迟行动"和"人员失踪"的情况。

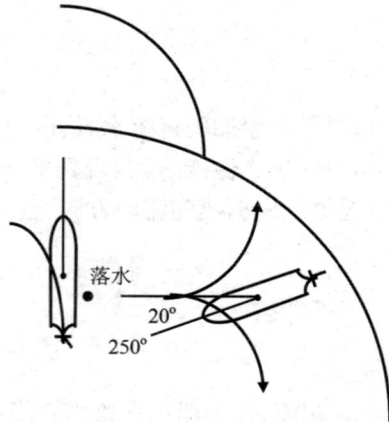

图 3-1-1　单旋回操纵法示意图

（2）双半圆旋回操纵法（见图 3-1-2）

①停车，向落水者一舷操满舵；

②落水者过船尾后，进车加速；

③回转 180°后，把定，边盯紧落水者边前行；

④当航行至落水者于正横后 30°时，再向落水者一舷操满舵回转 180°，适时减速、停车，接近落水者上风侧。

本法操纵方便，适用于"立即行动"的情况，较适用于"延迟行动"的情况，不适用于"人员失踪"的情况。

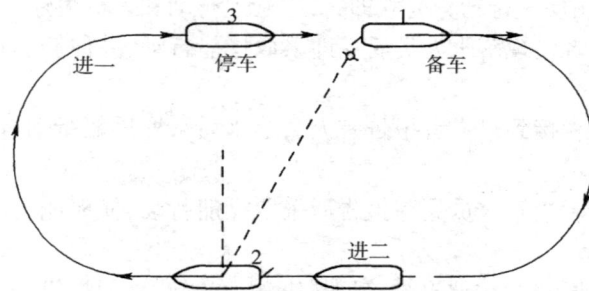

图 3-1-2　双半圆旋回操纵法示意图

（3）威廉逊旋回法（见图 3-1-3）

①停车，向落水者一舷操满舵；

②落水者过船尾后加速；

③当船首转过 60°时，回舵并操另一舷满舵；

④当船首转到与原航向之反航向差 20°时，正舵，待转到原航向的反航向时把定，边搜索边前进，发现落水者后适时减速停车，驶近落水者。

本法能准确地把船转回原航迹线上，在夜间或能见度不良时是一种有效的方法，最适用于"延迟行动"的情况。

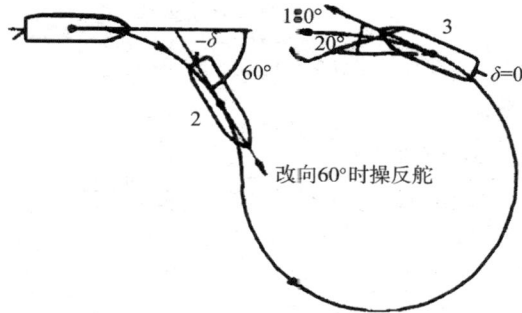

图 3-1-3　威廉逊旋回法示意图

（4）斯恰诺旋回法（见图 3-1-4）

①向任一舷操满舵；

②当船首转过 240°时，改操另一舷满舵；

③当船首转到与原航向之反航向差 20°时，正舵，船随回转惯性驶向反航向时，把定，边航行边搜寻落水者。

本法能在最节省时间的情况下，使船驶回原航迹线上，适用于"人员失踪"的情况，不适用于"立即行动"和"延迟行动"的情况。

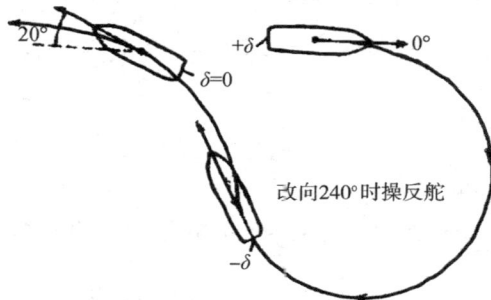

图 3-1-4　斯恰诺旋回法

3.在操纵船舶旋回过程中，要安排人员加强瞭望，寻找落水者，密切注意周围船舶动态，避免造成另一危险局面。

4.向 VTS 申请释放救助（生）艇，控制船速，在船速降至 5 kn 以下时安排人员释放救助艇救人。海面有风、浪时，应将船舶驶至落水者的上风侧，从下风舷放下救助艇，救助艇下水后，尽快从落水者的下风靠近落水者。

5.救起落水人员后，应检查落水人员的身体状况，视需要采取急救措施。将救助艇回收系固完毕后，报告船长。

6.船长视情况报告有关主管机关（如 VTS 或港口当局），申请复航，并取消航警。

在应急过程中，可使用人员落水检查单作为协助补充，如表 3-1-1 所示。

表 3-1-1　人员落水检查单

立即行动	结果
1.立即停车;并向落水者一舷操满舵	
2.抛下就近的带自亮灯和烟雾信号的救生圈	
3.确定船位(例如使用 GPS),在 ECDIS 或纸质海图上记录人员落水位置	
4.报告船长	
5.通知机舱紧急备车	
启动应急程序	**结果**
1.协助船长发出人员落水警报	
2.进行全船广播,启动人员落水应急预案,进入人员落水应急部署状态	
3.增派额外的瞭望人员;若发现落水人员,盯着目标不放	
4.向有关主管机关(如 VTS 或港口当局)通报	
5.发布航警,要求在附近航行的船舶主动避让	
6.准备救生艇或救助艇	
后续救助行动	**结果结果**
1.核实附近航行危险物和交通密度,避免造成另一危险局面	
2.采用合适的搜救旋回法	
3.悬挂信号旗"O"	
4.救助艇和人员到位并指定现场协调员	
5.为从水中救出人员进行准备工作(所需的行动应符合船舶从水中救出人员的具体计划)	
6.操纵船舶以便释放救助艇	
7.通知救助艇落水人员的位置	
8.实施救助程序	
9.保存相关事实、决策的日志/记录	

第二节　船舶失控

（本节适用于 500 总吨及以上、未满 500 总吨船舶船长、大副、二/三副）

船舶失控包括但不限于：主机失灵、舵机故障、船舶失电、螺旋桨松动或脱落等异常情况。驾引人员应具有应对应急事件的心理准备,掌握应对应急事件的方法,以避免或减小事故可能造成的损害。

一、应对应急事件的基本原则

1.无论面对何种应急事件,驾引人员都应保持冷静,对当时船舶所处的情况做出准确判断。

2.失控发生后,应及时显示失控信号,并应迅速判断本船所处局面的危险程度,了解其原因及抢修所需时间。在判断局面的危险程度时,应考虑但不限于下列因素:

(1)船舶的位置及运动状态,特别是当时的偏转情况;船舶的吃水、船长等船舶要素对当时操纵的影响。

(2)本船的操纵性能及当时风、流对本船的影响。

(3)本船与碍航物、浅水区、其他船舶等的距离。所处位置是不是禁止抛锚区,水下是否有海底电缆或海底油管等。

(4)是否接近转向点,附近水域是否有与本船形成紧迫局面的其他船舶。

(5)是否可以很快获得拖船协助。

3.迅速部署有关人员待命,备妥双锚,并要求迅速抢修。

4.及时向交管中心报告情况,向来往船只通报信息,使对方及时安全避让。

5.根据失控设备情况,合理运用当时可用的车、舵、侧推器、锚或拖船,驶离主航道,前往附近安全水域锚泊。

二、主机失灵时的应急反应

(一)立即行动

1.根据航行数据变化和报警,能迅速判断主机失灵;

2.应立即将车钟置于"停车"位置并叫船长上驾驶台;

3.掌握船舶周围态势(船舶分布情况、水域情况及危险物),操纵船舶(余速有舵效)尽量远离危险区域,确保船舶安全。

(二)启动应急程序

1.发出主机失灵警报,实施船舶主机失灵应急程序,全员按应急部署就位。

2.借助船舶惯性操舵控制船舶驶往安全位置,必要且可行时应抛锚,如有拖船协助时借助拖船控制船舶。

3.显示失控信号,并用 VHF 发出航行警告,遍知 VTS 和周围船舶。

4.检查周围船舶动态,观察风、流对船舶的影响情况,监控本船船位。

5.如在港内,无拖船协助则可考虑申请拖船协助。

(三)后续行动

1.如可能(在有拖船协助时)就近选择锚地,报告 VTS 并操纵船舶做抛锚准备;

2.如故障修复,安排人员测试和确认修复情况并报告 VTS。

在主机失灵应急过程中,可使用主机失灵应急程序检查单作为协助补充,如表 3-2-1 所示。

表 3-2-1　主机失灵应急程序检查单

立即行动和启动应急程序	是/否
1. 停车、报告船长并通知机舱	
2. 采取紧急行动,核实周围航行危险,保持船舶远离危险	
3. 显示失控号型或号灯并鸣放声响信号	
4. 随动舵操舵;如安全可行,则远离船舶航道	
5. 如果适用,报告 VTS 或港口当局	
6. 发出警告信号,通告附近船舶,播报航行安全警告	
7. 更改 AIS 状态信息,增加定位频率	
8. 考虑风、流和艏向,估算船舶漂移情况	
9. 如果附近水域适合锚泊,备锚,准备锚泊	
10. 检查主机及控制系统,确认故障情形及预计修复时间	
11. 若可行,转换备用控制系统	
12. 报告公司以取得岸基协助	
后续行动	是/否
1. 排除故障,及早恢复船舶操纵能力	
2. 如故障修复,安排人员测试设备,确认修复情况	
3. 保存相关的日志/记录(VDR、ECDIS、航海日志等)	
4. 如果适用,报告 VTS	

三、舵机故障时的应急反应

(一)立即行动

1. 根据航行数据变化和报警,能迅速判断舵机故障;
2. 叫船长上驾驶台;
3. 如正在进行转向操纵,应立即停车或倒车,控制船速为 0;
4. 立即转换应急操舵程序;
5. 了解船舶周围态势,应急操船,确保船舶安全。

(二)启动应急程序

1. 船长应立即上驾驶台进行指挥;立即显示失控信号,值班驾驶员应及时修改 AIS 本船动态,保持正规瞭望。

2. 发出舵机故障警报,实施船舶舵机故障应急程序,全员按应急部署就位。

3.启用备用舵机,如有侧推器且可行,应使用侧推器控制舢向。

4.启用应急操舵装置操纵船舶,立即备妥双锚。必要时应停车甚至倒车抛双锚,如有拖船协助时借助拖船控制船舶。

5.向机舱了解故障情况和修复时间,视情况做好在附近水域抛锚的准备。

6.向周围船舶发布航警,通告本船失控,要求附近船舶避让。

7.报告相关主管机关(如 VTS 或港口当局),申请锚地、拖船护航或漂航(如需要)。

8.检查周围船舶动态,观察风、流对船舶的影响情况,监控本船船位。

9.如在港内,无拖船协助则可考虑申请拖船协助。

(三)后续行动

1.如可能(在有拖船协助时)就近选择锚地,报告 VTS 并操纵船舶做抛锚准备。

2.如故障修复,安排人员测试和确认修复情况并报告 VTS。

在舵机故障应急过程中,可使用舵机故障应急程序检查单作为协助补充,如表 3-2-2 所示。

表 3-2-2　舵机故障应急程序检查单

立即行动和启动应急程序	是/否
1. 报告船长并通知机舱	
2. 采取紧急行动,核实周围航行危险,保持船舶远离危险	
3. 显示失控号型或号灯并鸣放声响信号	
4. 按照转换程序,转换为应急舵程序	
5. 如果适用,报告 VTS 或港口当局	
6. 发出警告信号,通告附近船舶,播报航行安全警告	
7. 更改 AIS 状态信息,增加定位频率	
8. 考虑风、流和舢向,估算船舶漂移情况	
9. 如果附近水域适合锚泊,备锚,准备锚泊	
10. 检查舵机及控制系统,确认故障情形及预计修复时间	
11. 备车进行适当操纵或停止主机;如安全可行,则远离船舶航道	
后续行动	是/否
1. 排除故障,及早恢复船舶操纵能力	
2. 如故障修复,安排人员完整测试设备,确认修复情况	
3. 保存相关的日志/记录(VDR、ECDIS 等)	
4. 如果适用,报告 VTS	

四、船舶失电时的应急反应

（一）立即行动

1.根据航行数据变化和报警,能迅速判断失电。

2.应立即将车钟置于"停车"位置并叫船长上驾驶台。

3.掌握船舶周围态势(船舶分布情况、水域情况及危险物),操纵船舶(余速有舵效)尽量远离危险区域,确保船舶安全。

（二）启动应急程序

1.发出船舶失电警报,实施船舶失电应急程序,全员按应急部署就位。

2.应急电机起动后,利用船舶的剩余惯性操舵控制船舶驶往安全水域,必要且可行时应抛锚,如有拖船协助时借助拖船控制船舶。

3.显示失控信号,并用 VHF 发出航行警告,通知 VTS 和周围船舶。

4.检查周围船舶动态,观察风、流对船舶的影响情况,监控本船船位。

5.如在港内,无拖船协助则可考虑申请拖船协助。

（三）后续行动

1.如可能(在有拖船协助时)就近选择锚地,报告 VTS 并操纵船舶做抛锚准备。

2.如故障修复,安排人员测试和确认修复情况并报告 VTS。

在船舶失电应急过程中,可使用船舶失电应急程序检查单作为协助补充,如表 3-2-3 所示。

表 3-2-3　船舶失电应急程序检查单

立即行动和启动应急程序	是/否
1. 停车,报告船长并通知机舱	
2. 采取紧急行动,核实周围航行危险,保持船舶远离危险	
3. 显示失控号型或号灯并鸣放声响信号	
4. 启动应急电源对驾驶台及其航行设备供电	
5. 使用随动舵操舵	
6. 如果适用,报告 VTS 或港口当局	
7. 发出警告信号,通告附近船舶,播报航行安全警告	
8. 更改 AIS 状态信息,增加定位频率	
9. 考虑风、流和艏向,估算船舶漂移情况	
10. 如果附近水域适合锚泊,备锚,准备锚泊	
11. 检查发电机及控制系统,确认故障情形及预计修复时间	

续表

立即行动和启动应急程序	是/否
12. 如可行,则远离船舶航道	
13. 报告公司取得岸基协助	
后续行动	是/否
1. 排除故障,及早恢复船舶操纵能力	
2. 如故障修复,安排人员完整测试设备,确认修复情况	
3. 保存相关的日志/记录(VDR、ECDIS 等)	
4. 如果适用,报告 VTS	

第三节　船舶碰撞前后的应急措施

(本节适用于 500 总吨及以上、未满 500 总吨船舶船长、大副、二/三副)

由于通航密度的增大、人的失误以及受环境因素的影响等,船舶的碰撞事故时有发生。发生紧急碰撞情况时,船舶驾引人员应采取适当操纵措施,以使损失降到最低。

一、船舶碰撞发生前的应急操船(立即行动)

船舶碰撞后的损害程度取决于两船相对运动速度、碰撞角度、碰撞位置、破损的大小以及碰撞船舶的吨位大小。碰撞不可避免时,船舶驾引人员应运用良好船艺,采取降低碰撞损失的应急措施。这些措施包括:

1. 如可行,应采取紧急措施避免碰撞部位发生在船中或机舱附近,最好使两船平行擦碰,如不能则应尽量使艏部碰撞。

2. 如可行,采取大角度紧急转向措施减小碰撞角度,避免"T"字碰撞。

3. 全速后退,可行时抛双锚并借助拖船,降低船速以减小撞击能量。

二、启动应急程序

(一)碰撞后的应急操船

碰撞发生后,为了降低碰撞的损失,应根据两船大小、干舷高度的差异等具体情况采取如下应急操船措施。

1. 当我船船首撞入他船船体时

当我船船首撞入他船船体后,应首先开微速进车顶住对方。为使我船能与他船靠紧以减少进水量和防止滑出,必要时可互用缆绳系住,并配合用车,保持顶住对方破洞的姿态,以减少他船的进水量。如被撞船舶有沉没的危险且附近有浅滩,经对方同意后,可将他船顶向浅滩处搁浅。

待被撞船舶采取防水应急措施,并征得对方同意后方可倒车脱出。倒车退出后,应滞留在附近,一方面检查我船的损坏情况,另一方面可随时准备实施救助和协助。当确信对方已经脱离危险可以继续航行时,我船也确信可以安全续航,并办理完有关碰撞事实确认手续之后,方可离去。

2. 当我船船体被他船撞入时

当我船船体被他船撞入后,应尽可能减小或消除船舶纵向惯性速度,使我船停住(消除对水速度),以减少进水量,并迅速关闭破损舱室前后的水密装置,进行排水及堵漏工作。

当确认我船没有沉没的危险,且船舶本身的排水、堵漏器材能控制进水量后,方可同意对方倒车脱出。

如果是一舷船体受损且破损部位位于水线附近时,应尽可能操纵船舶使破损部位处于下风侧。

(二)应急程序的启动

1.立即报告船长及通知机舱。

2.立即发出堵漏警报信号或通过公共广播系统发布应变警报,实施堵漏应变部署,各级人员按应变部署要求执行。

(1)查明船体进水情况和破损部位

查明船体进水情况,测量各货舱污水井(沟)、压载水舱和淡水舱的水位,通知机舱测量各油舱的油位,并将测量结果与碰撞前的记录进行比较,迅速确定船体破损的位置、大小及进水量等情况。

(2)保证船舶水密和排水

当破损部位确定后,应立即关闭破损部位附近舱室的水密门窗,必要情况下予以加固。通知机舱启动相关泵系全力排水,并随时测量各舱室的水位,以计算泵系的排水量。

(3)采取堵漏措施

根据船体破损部位、大小和进水量,采取堵漏措施。碰撞引起的船体破损部位多位于舷侧水线附近。破洞较大时,需用堵漏毯紧贴洞口以限制其进水。挂上堵漏毯后再根据破洞的大小,采用堵漏板或制作水泥箱,灌注水泥堵住漏洞,然后排除舱内积水。破洞舱室进水量较大时,必须对其相邻的舱壁进行加强,防止因水压过大引起舱壁破损而波及相邻舱室。

选用堵漏器材时应考虑:破损部位、漏洞大小、漏洞形状和航行区域。

(4)切断碰撞区域的电源

(5)调整纵横倾

船体进水后一般都会引起纵倾和横倾的变化。应详细测量各油舱、水舱的液位变化情况,利用排出、注入(对称灌注)、移载和转驳等方法保持船舶的浮态。

(6)在下列情况下应采取抛弃货物的措施:因进水可能引起货物着火;因进水可能引起货物急剧膨胀;为保持稳性;为保留储备浮力或减少进水量。

3.探明我船和他船受损情况(包括人员伤亡情况、船舶破损进水情况、油污染情况等)。

4.船长初步评估船舶是否有火灾、爆炸、污染或沉没危险,是否需要外界协助;如果碰撞引起人员伤亡、火灾、爆炸、污染、破损进水或弃船等其他紧急情况,应执行相应的应急响应程序。

5.向相关主管机关(如 VTS 或港口当局)通报。

6.用 VHF 通告附近其他船舶,注意规避;向周围船舶示警并悬挂相应的号灯、号型。

三、后续行动

1.联系对方船舶,交换相关信息,协调碰撞后的行动。向对方船舶出示碰撞责任书面声明并要求其确认签收,并且在对方递交的相关声明上只做签注,即"仅签收"。

2.如果船舶进水或发生油污,应采取相应的堵漏或溢油应变行动。

3.确认对方损失,积极组织应急抢险,在不影响自身安全的前提下,尽力救助遇险人员。

4.如果碰撞后发现排水及堵漏已无法控制船舶下沉,要尽可能选择就近抢滩,力争避免船舶全损;如就近无法抢滩,破洞无法堵塞,属于进水后稳性及不沉性资料指示的危局范畴,经确认已无法避免船舶沉没时,应立即发出求救信号,当机立断,发出弃船命令,转入实施弃船紧急情况专项应急预案。

在应急过程中,可使用碰撞应急程序检查单作为协助补充,如表3-3-1 所示。

表 3-3-1　碰撞应急程序检查单

立即行动与启动应急程序	是/否
1.操纵船舶以降低损失程度	
2.发出应急警报,报告船长并通知机舱	
3.测量污水井、舱室、干隔舱、隔离空舱是否进水和有油溢出	
4.检查机器设备状况,检查货损情况	
5.探明船舶受损程度,检查船舶内部和舷外的溢油/污染	
6.查明是否有船员失踪或受伤,及时抢救伤员	
7.保持碰撞部位处于咬合状态(如需要)	
8.确认船位	
9.召集船员,实施破损控制程序	
10.确认附近航行危险物和通航密度	
11.关闭水密门和自动防火门,切断碰撞区域的电源	
12.开启甲板照明	
13.通报周围船舶,发布紧急或遇险信息	
14.报告相关主管机关(如 VTS 或港口当局),并报告公司应急反应团队	
后续行动	是/否
1.评估他船的损害类型和范围;为他船提供协助(如适用)	
2.计算船舶应力和破舱稳性,决定是否需要岸上力量协助	
3.考虑是否需要救助和拖带	
4.酌情准备和计划与他船脱离接触	
5.若船舶进水,则实施相应的堵漏应变部署	

续表

立即行动与启动应急程序	是/否
6. 若发生溢油,采取相应的清除溢油,实施围控等应变部署	
7. 保存相关的日志/记录(VDR、ECDIS、航海日志等)	

第四节　船舶搁浅或触礁前后的应急措施

(本节适用于 500 总吨及以上、未满 500 总吨船舶船长、大副、二/三副)

船舶搁浅或触礁是沿岸航行中常见的航行事故,通常发生在狭水道和港口附近水域。虽然它的危险性没有碰撞大,但船舶始终处在危险状态,如果不尽快解除危险,可能造成船体设备损坏,还可能阻塞航道,影响到通航安全。因此应设法及早脱浅,脱离危险水域,避免造成进一步的船体损害和环境污染。

一、搁浅或触礁前的紧急措施(立即行动)

驾驶台团队人员应能尽早意识到船舶即将搁浅。搁浅前,能够紧急用车、用舵防止搁浅,或者将损失降到最低。

航行中的船舶不论因何种原因致使搁浅或触礁不可避免时,切忌惊慌失措,应根据当时的环境和条件采取以下行动:

(1)如果搁浅水域情况不明,则应立即停车,可行时抛双锚,以减小我船前冲惯性、减轻搁浅程度。

(2)如果搁浅水域情况确定,船尾水域宽阔、水深足够,我船船身垂直于浅滩边缘,则应立即停车、倒车,可行时抛双锚,以减小我船前冲惯性、减轻搁浅程度。

(3)如果确定我船航向与浅滩边缘走向的交角很小或接近平行,应立即停车,在短时间内用满舵和回舵分几个阶段转向,避免一下子大幅度转向使船尾过大地甩上浅滩。

(4)如果我船在倒退,船尾即将进入浅滩,应用正舵快车前进,可降低舵受损的可能。

(5)在紧急情况下,宁可使船首受损也要保护好舵和推进器。

(6)尽量设法避开礁石。

(7)如明了搁浅处仅为航道中新生的小沙滩,可全速前进并左右交替满舵,使船蛇航冲过浅滩。

二、启动应急程序

1.当发现船舶发生搁浅或触礁,值班驾驶员应立即通知船长。船长应立即通过公共广播系统发出紧急警报。

2.停止主机,停止转舵,关闭燃油舱阀门,通知轮机员更换高水位进水口。

3.发生搁浅或触礁后,迅速查明搁浅或触礁情况,调查包括下列项目:搁浅或触礁时间及船位;触礁或搁浅当时的船舶吃水;主机及推进器、舵设备及其他机械受损情况,或可能受到的危害情况;污染情况。

4.立即显示搁浅或触礁信号(日间:垂直悬挂三个黑球;夜间:显示锚灯和垂直两盏环照红灯)。

5.向周围船舶示警并用 VHF 通告附近其他船舶,注意规避。

6.指派人员迅速查明搁浅或触礁部位及艏向,船体破损情况、进水情况及污染情况,以判断船舶危险程度;切忌盲目使用推进器和舵设备急于自力脱浅,以避免扩大损失。

7.轮机长安排人员检查机舱部位船壳是否变形,设备(艉轴、舵机和海底阀等)是否损坏、进水,备好泵浦随时准备排水。

8.向公司及就近主管当局报告,并保持通信畅通。

9.指派人员测量周围水深,确定海床地质和搁浅或触礁部位。

10.如已造成破损及污染,应立即执行溢油和污染环境紧急情况专项应急预案和船上油污应急计划。

11.如已造成船体结构破损及进水应执行船体及重要结构损坏、进水紧急情况专项应急预案。

三、脱浅操作与后续行动

1. 制定脱浅方案

在查明船舶受损情况下,计算出浮力损失及稳性状况,核实脱浅后不会导致船舶翻沉时,选择脱浅方案。可能的脱浅方案有:

(1)候潮脱浅

不在高潮时搁浅,船体只有轻微的损坏,船尾又有足够的水深,则可等待下一个高潮时争取起浮脱浅。适时利用车、舵、锚配合协助脱浅。一般做法是在高潮前 1 h 动车,用我船主机倒车脱浅,当快倒车无效时,可改用半进车配合左右满舵来扭动船体,然后快倒车脱浅,在需要时应在用倒车的同时配合绞锚,利用强大的锚抓力协助脱浅。如底质是泥沙,倒车时应注意泥沙可能在船体周围堆积,妨碍脱浅。

(2)移载脱浅

如船舶一端或一舷搁浅,而另一端或另一舷有足够的水深,则可移动压载水、淡水、燃油或货物来减轻搁浅处的压力,配合主机、锚、舵进行脱浅。脱浅前必须经过严格的计算,以免脱浅后产生过度的纵倾或横倾导致船舶发生危险。在一舷搁浅而海底又陡峭时,则不宜用此法。

(3)卸载脱浅

上述几种方法仍不能使船舶脱浅时,可采用卸载法进行脱浅。卸载应遵循迅速、方便和损失最小的原则。首先应考虑打出压载水、卸去多余的淡水,其次考虑卸去能漂浮在海面而又不易受损的货物。卸载的数量应是主机拉力、拖船拖力、绞锚拉力和移载等重量不足的数量。采取卸载措施前,应进行严格的浮力、稳性、吃水差的计算。

(4)外援脱浅

船舶搁浅后,如果船体损坏严重已经失去漂浮能力;或者车舵、主机损坏;或者经过计算所需的脱浅拉力太大而超出自力脱浅能力,应毫不犹豫地请求外援,以求尽快脱浅。申请外援前,应预先计算脱浅所需的拖力、拖船的数量和功率。

外援救助船可协助固定船体、堵漏排水、移载、过驳,用大型打捞浮筒增加搁浅船的浮力,冲挖船底成渠,提供强大的拖力以协助脱浅等。

2.固定船体

如短期内不能脱浅,则船舶必须采取相应的措施先固定船体:

(1)用锚或缆绳使搁浅船固定在礁石、珊瑚礁或其他固定点以避免船舶偏转和向岸漂移,也可借助救助船在船体周围抛锚固定船舶。

(2)有救助船协助时,可以通过拖船顶推以防船舶偏转。

(3)向舱内注水使船舶下沉以防搁浅船向岸漂移和墩底。

3.检查受损情况

船舶起浮脱浅后,船长应指派人员周密检查船体结构受损情况及机电设备、舵设备、螺旋桨等设备受损情况。

4.向周围船舶通告

脱浅后应及时关闭或降下搁浅或触礁信号并用 VHF 向周围船舶通告。

5.保存记录

驾驶员详细记录日期、时间以及船舶、岸上所采取的行动,保存相关的日志/记录(VDR、ECDIS、航海日志等)。

在搁浅应急过程中,可使用搁浅应急程序检查单作为协助补充,如表 3-4-1 所示。

表 3-4-1　搁浅应急程序检查单

立即行动与启动应急程序	是/否
1.搁浅前紧急用车、用舵防止搁浅,或将损失降到最低	
2.发出应急警报,报告船长并通知机舱	
3.显示搁浅号灯、号型,并鸣放声号(如适用),更改 AIS 状态	
4.停止主机,停止转舵,关闭燃油舱阀门,切不可盲目倒车	
5.测量污水井、舱室、干隔舱、隔离空舱是否进水和有油溢出	
6.转换到冷却水高位吸口	
7.测量船舶周围水深,并连续监测周围水深变化情况,以确定海床地质、搁浅部位和深水位置	
8.检查船体、机器设备、油水舱、货物,探明船舶受损程度;检查船舶内部和舷外的溢油/污染	
9.召集船员,实施破损控制程序	
10.关闭水密门和防火门	
11.开启甲板照明	
12.通报周围船舶,发布紧急或遇险信息	
13.报告相关主管机关(如 VTS 或港口当局),并报告公司应急反应团队	
14.考虑使用双锚或增加压载水,以防止不必要的移动和破损	

续表

立即行动与启动应急程序	是/否
15.评估潮汐和洋流,评估天气状况和天气预报	

后续行动	是/否
1.采取措施固定船位(如需要)	
2.根据潮汐情况、载货情况、油水分布等情况,适当地准备和计划脱浅方案	
3.计算船舶应力和破舱稳性,决定是否需要岸上力量协助;如需要拖船协助脱浅,估算拖船拖带的功率	
4.考虑减小吃水的选项	
5.保存相关的日志/记录(VDR、ECDIS、航海日志等)	

四、脱浅拉力的估算

(本部分适用于 500 总吨及以上、未满 500 总吨船舶船长)

船舶搁浅后采取何种方法脱浅,应对脱浅所需的拉力以及可供脱浅的拉力进行估算,从而采取相应的脱浅方法。

1. 脱浅时所需的拉力

船舶搁浅后,船底与海底接触,吃水将比搁浅前减少,将减少的吃水乘以每厘米吃水吨数,即可计算出船舶因搁浅而损失的排水量,即

$$\Delta D = 100 \cdot TPC \cdot (d - d_1) \tag{3-4-1}$$

式中:ΔD ——因搁浅而损失的排水量(t);

TPC ——每厘米吃水吨数(t/cm);

d ——搁浅前的六面平均吃水(m),要考虑船舶离港后至搁浅时油水的消耗量及海水密度发生变化时而引起的吃水变化量;

d_1 ——准备脱浅时的六面平均吃水(m),应根据搁浅后观测的六面平均吃水,加上至准备脱浅时的潮差变化量。

如果搁浅后造成某些舱室破损进水,而水又未能排出,则应求出各舱进水量的总和,一并加入因搁浅而损失的排水量中,即

$$\Delta D = 100 \cdot TPC \cdot (d - d_1) + \sum p \tag{3-4-2}$$

式中:$\sum p$ ——各舱进水量的总和(t)。

脱浅时所需拉力,可按下式估算:

$$F = f \cdot \Delta D \cdot g \tag{3-4-3}$$

式中:F ——脱浅操作所需拉力(kN)。

f —— 船底与海底的摩擦系数,根据表 3-4-2 选取。

表 3-4-2　船底与海底的摩擦系数

海底底质	摩擦系数	海底底质	摩擦系数
稀黏土	0.18~0.22	板石	0.40~0.42
软黏土	0.23~0.30	卵石	0.42~0.50
黏土砂	0.30~0.32	珊瑚礁	0.50~1.00
细砂	0.35~0.38	礁石	0.80~2.00
砾石	0.38~0.42		

2. 可供脱浅的拉力

（1）主机的推力与拉力

$$F_P = 0.01N \tag{3-4-4}$$

式中：F_P——主机的推力或拉力（9.81 kN）；

N——主机功率（hp），倒车时的拉力内燃机按 60% 计算。

（2）绞锚的拉力

$$F_a = 3 \sim 5W_a \tag{3-4-5}$$

式中：F_a——绞锚的拉力（9.81 kN）；

W_a——锚重（t）。

（3）拖船的拖力

$$F_t = 0.01 \sim 0.015\, N_t \tag{3-4-6}$$

式中：F_t——拖船的拖力（9.81 kN）；

N_t——拖船的功率（ps）。

在考虑是否可用绞锚的拉力和主机的推力与拉力的基础上，根据拖船的种类计算其拖力，按拖船的使用特性求取。

第五节　航行中应急反应评估练习题

在人员落水、失控、碰撞和搁浅四种应急反应中，船长与大副均要求立即行动、启动应急程序和后续行动三个部分，而二/三副仅需要立即行动和启动应急程序两个部分，所以评估操作实例按照船长与大副的要求进行设计。

一、人员落水

（本部分适用于 500 总吨及以上、未满 500 总吨船舶船长、大副、二/三副）

在青岛港进港航行时，假定驾驶台发现本船左舷人员落水。

（一）评估方式

使用航海模拟器进行评估。船舶资料如下所示：

船名	DaAn
呼号	VRMA7
类型	Bulk Carrier
载态	F
船长(m)	180
船宽(m)	28
吃水(m)	9.2
设计船速(kn)	17.1
排水量(t)	35 411

(二)任务(场景)描述

航行期间,控制台根据题卡(或者根据评估员的要求),设置本船或者附近有人员落水的场景;驾驶台团队人员发现落水人员,或控制台模拟甲板工作人员发现有人落水后向驾驶台报告。人员落水发生水域如图 3-5-1 所示。

预设能见度为 10 n mile,风向为 090°、风速为 6 m/s,海流流向为 235°、流速为 0.6 kn。

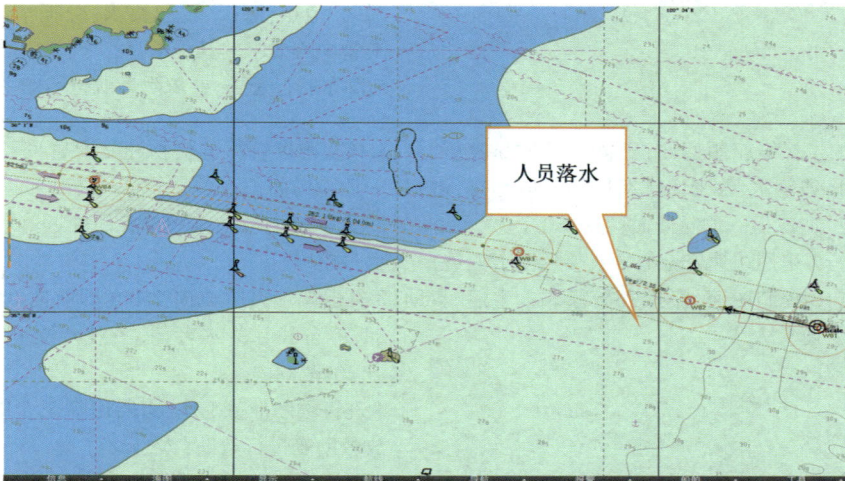

图 3-5-1　人员落水发生水域

(三)操作要求

船长采取立即行动,并启动应急响应和后续救助行动,施放救生艇/救助艇救人。

(四)评估要素、评价标准及实操过程

表 3-5-1 为评估要素、评价标准及实操过程。

表 3-5-1　评估要素、评价标准及实操过程

评估要素	评价标准	实操过程
1.立即行动	1.停车并向落水者一舷操满舵,摆开船尾,以免船尾和螺旋桨打到落水者; 2.安排人员投下就近的救生圈,记录人员落水位置	1.立即停车,向左舷操满舵; 2.抛下驾驶台左翼部的带自亮灯和烟雾信号的救生圈; 3.在 GPS、ECDIS 或纸质海图上记录人员落水位置,并记录原航向(假设原航向 289°); 4.报告船长; 5.通知机舱紧急备车; 6.落水者过船尾后进车加速
2.启动应急程序	1.发出人员落水警报,启动人员落水应急部署; 2.向相关主管机关通报,发布航行警告,要求附近航行的船主动避让	1.协助船长发出人员落水警报(左舷人员落水:———●●); 2.进行全船广播,启动人员落水应急预案,进入人员落水应急部署状态; 3.布置额外瞭望人员,若发现落水人员,盯着目标不放; 4.报告青岛 VTS,报告内容为:船名或呼号、国籍、时间、地点、原因、救助要求、受损情况以及青岛交管中心要求的其他信息; 5.发布航行警告,要求附近航行船舶主动避让
3.后续救助行动(适用于 500 总吨及以上、未满 500 总吨船舶船长、大副)	1.操纵船舶旋回,安排人员加强瞭望,寻找落水者,密切注意周围船舶动态,避免造成另一危险局面; 2.采用快速安全的方式接近落水人员; 3.控制船速,安排人员释放救生艇/救助艇救人	1.核实附近航行危险物和交通密度,避免造成另一危险局面; 2.根据当时情况,采用单旋回驶近落水者,并悬挂信号旗"O"; 3.在船舶偏离原航向 250°(即航向 039°)时回正舵,停车找寻落水者,其一般会位于船舶旋回前方 20°范围内; 4.进行救助准备工作,当船速降至 5 kn 以下时释放救助艇进行救助; 5.人员救回后,检查落水人员身体状况良好,意识清醒,体温正常,不需要医疗援助,报告青岛 VTS 请求复航; 6.取消航行警告; 7.保存相关事实、决策的记录

在模拟培训中用到的外部沟通如下:

1. 在人员落水时,驾驶员应向 VTS 报告。报告内容如下:

OOW:Qingdao VTS, Qingdao VTS, M/V DaAn calling. Over.

VTS:M/V DaAn, this is Qingdao VTS, go ahead(come in)please. Over.

OOW:Qingdao VTS, this is M/V DaAn, call sign Victor Romeo Mike Alpha Seven,I have lost a person overboard in GPS position latitude 38 degrees 53 decimal 3 minutes North, longitude 121 degrees 47 decimal 3 minutes East at 0836LT, now carrying out a search and rescue operation by single turn. Over.

VTS：M/V DaAn, your message received, do you require any assistance? Over.

OOW：Qingdao VTS, no, thanks. Out.

2. 用 VHF CH16 向周围船舶播发航行警告：

OOW：Panpan! Panpan! Panpan! All stations, All stations, All stations, this is M/V DaAn, call sign Victor Romeo Mike Alpha Seven, I have lost a person overboard in GPS position latitude 38 degrees 53 decimal 3 minutes North, longitude 121 degrees 47 decimal 3 minutes East at 0836LT, now carrying out a search and rescue operation by single turn. All vessels in the vicinity should keep sharp look-out and navigate with caution. Out.

3. 救起落水人员后，应向 VTS 报告：

OOW：Qingdao VTS, Qingdao VTS, M/V DaAn calling. Over.

VTS：M/V DaAn, this is Qingdao VTS, go ahead（come in）please. Over.

OOW：Qingdao VTS, this is M/V DaAn, the overboard man has been rescued and condition of person good, no medical assistance was required, I request for resuming my voyage. Over.

VTS：M/V DaAn, your message received, please continue your voyage. Out.

4. 用 VHF CH16 向周围船舶取消航行警告：

OOW：Security, Security, Security, All stations, All stations, All stations, this is M/V DaAn, the overboard man has been rescued, cancel my navigation warning. Out.

二、失控

（本部分适用于 500 总吨及以上、未满 500 总吨船舶船长、大副、二/三副）

在新加坡航道东行航行时，假定主机失灵，导致船舶失控。

（一）评估方式

使用航海模拟器进行评估。船舶资料如下所示：

船名	DaMingHu
呼号	BOGG
类型	Oil Tanker
载态	F
船长（m）	275
船宽（m）	48
吃水（m）	17.3
设计船速（kn）	12.9
排水量（t）	198 416

(二)任务(场景)描述

航行期间,控制台根据题卡(或者根据评估员的要求),设置本船主机失灵的场景。失控发生水域如图 3-5-2 所示。

预设能见度为 15 n mile,风向为 045°、风速为 6 m/s,海流流向为 055°、流速为 0.5 kn。

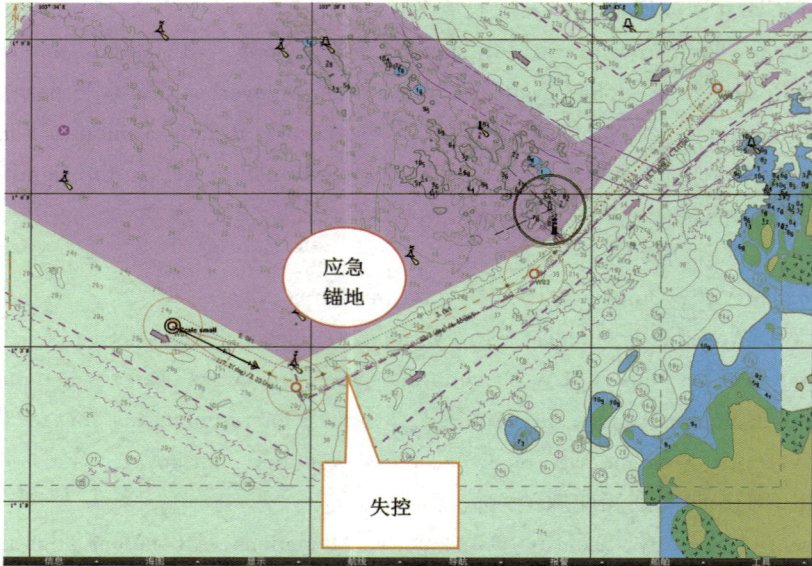

图 3-5-2　失控发生水域

(三)操作要求

船长及驾驶台团队人员及时发现故障,船长采取立即行动操纵船舶,启动应急程序,进行启动应急响应和后续行动。

(四)评估要素、评价标准及实操过程

表 3-5-2 为评估要素、评价标准及实操过程。

表 3-5-2　评估要素、评价标准及实操过程

评估要素	评价标准	实操过程
1.立即行动	1.根据航行数据变化和报警,能迅速判断故障类型。 2.应急操船,确保船舶安全	1.根据报警提示,迅速判断属于主机故障,操纵驾驶台车钟转至"STOP"。 2.利用船舶余速产生的舵效,驶向安全水域或左侧应急锚地

续表

评估要素	评价标准	实操过程
2.启动应急程序	1.正确显示号灯、号型，备锚。 2.向机舱了解故障情况和修复时间，视情况做好在附近水域抛锚的准备。 3.发布航行警告，通报周围船舶；报告VTS，申请锚地、拖船护航或漂航（如需要）；报告公司	1.报告船长和轮机长。 2.显示失控号型（垂直两个球体）或号灯（垂直两盏环照红灯）并鸣放声响信号（能见度不良时：一●●）。 3.更改AIS状态信息为：NOT UNDER COMMAND，适当增加定位频率。 4.向机舱了解故障情况和修复时间。 5.视情况利用余速驶向左侧应急锚地，通知大副备锚。 6.报告新加坡VTIS，请求拖船协助。 7.发布航行警告，通报周围船舶，报告公司
3.后续行动（适用于500总吨及以上、未满500总吨船舶船长、大副）	1.就近选择应急锚地，操纵船舶做抛锚准备。 2.如故障已修复，安排人员测试设备，确认修复情况	1.就近选择应急锚地，操纵船舶准备抛锚。 2.故障修复后，安排人员测试设备，确认修复情况。 3.报告新加坡VTIS，请求复航。 4.取消航行警告。 5.保存相关事实、决策的记录

在模拟培训中用到的外部沟通如下：

1. 在失控时，驾驶员应向 VTS 报告。报告内容如下：

OOW：VTIS Central, VTIS Central, M/V DaMingHu calling. Over.

VTS：M/V DaMingHu, this is VTIS Central, go ahead（come in）please. Over.

OOW：VTIS Central, this is M/V DaMingHu, call sign Bravo Oscar Golf Golf, GPS position latitude 01 degrees 15 decimal 4 minutes North, longitude 103 degrees 59 decimal 2 minutes East, I have problems with main engine（steering gear / total electrical power）at 0930LT, now my ship is not under command. Over.

VTS：M/V DaMingHu, your message received, do you require any assistance？Over.

OOW：VTIS Central, yes, I require tug assistance. Over.

VTS：M/V DaMingHu, the tug will meet you in 10 minutes. Over.

OOW：VTIS Central, thanks for your cooperation. Out.

2. 用 VHF CH16 向周围船舶播发航行警告：

Panpan, Panpan, Panpan, All stations, All stations, All stations, this is M/V DaMingHu, call sign Bravo Oscar Golf Golf, GPS position latitude 01 degrees 15 decimal 4 minutes North, longitude 103 degrees 59 decimal 2 minutes East, I have problems with main engine（steering gear / total electrical power）at 0930LT, now my ship is not under command, all vessels in the vicinity should navigate with caution and keep clear of me. Out.

3.当故障修复完毕后，应向 VTS 报告：

OOW：VTIS Central, VTIS Central, M/V DaMingHu calling. Over.

VTS：M/V DaMingHu, this is VTIS Central, go ahead（come in）please. Over.

OOW：VTIS Central, this is M/V DaMingHu, my main engine (steering gear / total electrical power) has been repaired, I request for resuming my voyage. Over.

VTS：M/V DaMingHu, your message received, please proceed your voyage. Out.

4. 用 VHF CH16 向周围船舶取消航行警告：

OOW：Security, Security, Security, All stations, All stations, All stations, this is M/V DaMingHu, my main engine (steering gear / total electrical power) has been repaired, cancel my navigation warning. Out.

三、碰撞

（本部分适用于 500 总吨及以上、未满 500 总吨船舶船长、大副、二/三副）

在新加坡航道西行航行时，假定与其他船舶发生碰撞。

（一）评估方式

使用航海模拟器进行评估。船舶资料如下所示：

船名	DaMingHu
呼号	BOFS
类型	Oil Tanker
载态	F
船长(m)	229
船宽(m)	32
吃水(m)	12.8
设计船速(kn)	15.5
排水量(t)	74 004

（二）任务（场景）描述

航行期间，控制台根据题卡（或者根据评估员的要求），选取并调整一条与本船本无碰撞危险的目标船的航向和航速（要求具有合理性），致使其与本船发生碰撞。碰撞发生水域如图3-5-3 所示。

预设能见度为 15 n mile，风向为 045°、风速为 10 m/s，海流流向为 235°、流速为 0.2 kn。

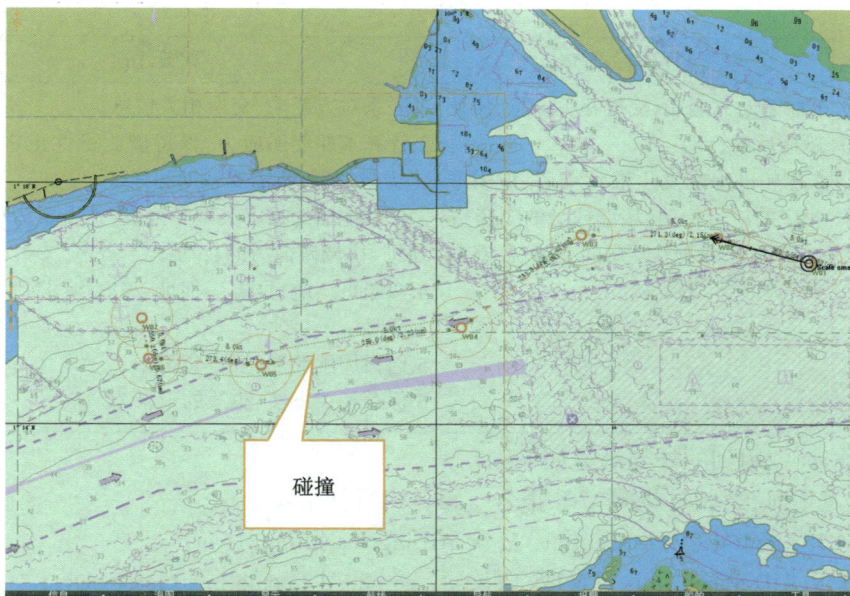

图 3-5-3　碰撞发生水域

(三) 操作要求

船长采取立即行动,降低碰撞损失,并启动应急响应程序和后续行动。

(四) 评估要素、评价标准及实操过程

表 3-5-3 为评估要素、评价标准及实操过程。

表 3-5-3　评估要素、评价标准及实操过程

评估要素	评价标准	实操过程
1.立即行动	及时用车舵,降低船速,减小碰角,尽量避开船中部、机舱等要害部位,降低碰撞损失	1.当碰撞不可避免时,运用良好的船艺采取最有效的行动降低碰撞的损失; 2.及时用车舵,降低船速,减小碰角,尽量避开船中部、机舱等要害部位
2.启动应急程序	1.启动全船警报,安排人员检查碰撞进水情况、机器设备状况,检查货损情况和海面污染情况; 2.安排人员检查全船人员受伤情况,及时抢救伤员; 3.保持碰撞部位处于咬合状态(如需要); 4.通报周围船舶,报相关主管机关和公司	1.发出应急警报,通知船长和机舱; 2.检查确认无船员失踪或受伤; 3.安排人员检查碰撞部位,发现无进水情况; 4.检查机器设备状况良好,无货损情况; 5.检查船舶内部和舷外无溢油/污染; 6.两船轻微碰撞后脱离,无咬合状态; 7.报告新加坡 VTIS; 8.通报周围船舶,报告公司

续表

评估要素	评价标准	实操过程
3.后续行动（适用于 500 总吨及以上、未满 500 总吨船舶船长、大副）	1.联系对方船舶,交换相关信息,协调碰撞后的行动; 2.船舶进水或发生油污染后,应采取相应的应急行动(堵漏或溢油应变); 3.确认对方损失,询问是否需要救助等	1.联系对方船舶,交换相关信息; 2.计算本船船舶应力,保持破舱稳性正常,不需要岸上力量协助,不需要救助和拖带; 3.评估他船的损害类型和范围,不需要为他船提供的协助,协调碰撞后的行动; 4.两船可续航,报告新加坡 VTIS,请求到指定锚地进行调查; 5.通报周围船舶,报告公司; 6.保存相关事实、决策的记录

在模拟培训中用到的外部沟通如下:

1. 碰撞发生时,驾驶员应向 VTS 报告。报告内容如下:

OOW:VTIS Central, VTIS Central, M/V AiDingHu calling. Over.

VTS:M/V AiDingHu, this is VTIS Central, go ahead (come in) please. Over.

OOW:VTIS Central, this is M/V AiDingHu, call sign Bravo Oscar Foxtrot Sierra, GPS position latitude 01 degrees 15 decimal 2 minutes North, longitude 103 degrees 59 decimal 0 minutes East, I have collided with M/V Yinhe T6 at 1036LT, I have damage above waterline. Over.

VTS:M/V AiDingHu, your message received, do you require any assistance? Over.

OOW:VTIS Central, the two vessels have disengaged, the stability checked good, I do not require assistance. Over.

VTS:M/V AiDingHu, you should go to Eastern Bunkering C(AEBC) anchorage for investigation. Over.

OOW:VTIS Central, copy your instruction, I will proceed to Eastern Bunkering C(AEBC) anchorage for investigation. Out.

2. 用 VHF CH16 向周围船舶播发航行警告:

OOW:Security, Security, Security, All stations, All stations, All stations, this is M/V AiDingHu, call sign Bravo Oscar Foxtrot Sierra, GPS position latitude 01 degrees 15 decimal 2 minutes North, longitude 103 degrees 59 decimal 0 minutes East, I have collided with M/V Yinhe T6 at 1036LT, I have damage above waterline, the two vessels have disengaged. All vessels in the vicinity should navigate with caution and keep clear of me. Out.

四、搁浅

(本部分适用于 500 总吨及以上、未满 500 总吨船舶船长、大副、二/三副)

船舶在大连港进港过程中,由于避碰,失控,风、流变化或碰撞后为避免进水沉没而主动搁浅。

(一)评估方式

使用航海模拟器进行评估。船舶资料如下所示:

船名	OOCL AMERICA
呼号	VRQL9
类型	Container
载态	F
船长(m)	277
船宽(m)	40
吃水(m)	14.0
设计船速(kn)	24.5
排水量(t)	88 704

(二)任务(场景)描述

航行期间,控制台根据题卡(或者根据评估员的要求)设置碰撞局面,舵机故障,风、流变化等(要求具有合理性),使本船驶向浅水区并搁浅。搁浅发生水域如图 3-5-4 所示。

预设能见度为 15 n mile,风向为 045°、风速为 6 m/s,海流流向为 000°、流速为 1.0 kn。

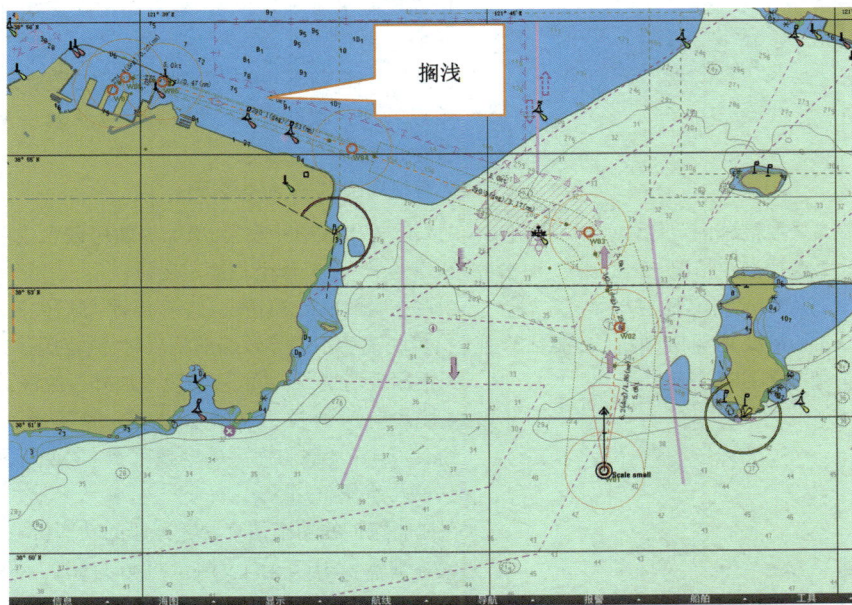

图 3-5-4　搁浅发生水域

(三)操作要求

船长及驾驶台团队人员及时发现船舶搁浅的危险,船长立即采取行动操纵船舶避免搁浅,当搁浅无法避免时,启动应急程序和采取后续行动以降低损失。

(四)评估要素、评价标准及实操过程

表3-5-4为评估要素、评价标准及实操过程。

表 3-5-4　评估要素、评价标准及实操过程

评估要素	评价标准	实操过程
1.立即行动	1.驾驶台团队人员能尽早意识到船舶即将搁浅; 2.搁浅前,能够紧急用车、用舵防止搁浅,或者将损失降到最低	1.通过实时监测船位、航速变化、观察测深仪水深变化等方法,及早意识到船舶搁浅风险; 2.搁浅前紧急用车、用舵,采用良好船艺防止搁浅,或将搁浅损失降到最低
2.启动应急程序	1.安排人员显示搁浅信号,测量周围水深,确定船舶搁浅部位; 2.检查船体、机器设备、油水舱、货物、海面污染情况,连续监测周围水深变化情况; 3.通报周围船舶,报告主管机关和公司	1.发出应急警报,通知船长、轮机长和机舱; 2.停止主机,停止转舵,关闭燃油舱阀门,切不可盲目倒车; 3.显示搁浅号灯(前后锚灯加垂直两盏环照红灯)、号型(垂直三个球体),并鸣放声号(能见度不良时鸣放),更改 AIS 状态为 AGROUND; 4.检查船体、机器设备、油水舱、货物,探明船舶轻微受损,检查船舶内部和舷外无溢油/污染; 5.测量船舶周围水深,并连续监测周围水深变化情况,以确定海床地质为沙底、搁浅部位在船头和深水位置在船尾; 6.报告大连 VTS,报告内容为:船名或呼号、国籍、时间、地点、原因、救助要求、受损情况以及大连 VTS 要求的其他信息; 7.通报周围船舶,报告公司
3.后续行动(适用于 500总吨及以上、未满 500 总吨船舶船长、大副)	1.采取措施固定船位(如需要); 2.根据潮汐情况、载货情况、油水分布等情况制定脱浅方案; 3.如需要拖船协助脱浅,能估算拖船拖带的功率	1.采取松出双锚并收紧,增加船舶压载水或向空水舱灌水等方式,使船体坐稳固定船位; 2.在查明船舶受损情况,计算出浮力损失及稳性状况,核实脱浅后不会导致船舶翻沉时,制定脱浅方案; 3.根据现场情况,采取候潮脱浅加外援脱浅; 4.脱浅时所需拉力估算公式:F[脱浅操作所需拉力(kN)]$=f$(船底与海底的摩擦系数)$\cdot \Delta D$[因搁浅而损失的排水量(t)]$\cdot g$; 5.拖船拖带的功率估算:N_t[拖船的功率(ps)]$=F$[脱浅操作所需拖力(9.81 kN)]$\cdot$(100~150); 6.脱浅后,若可续航,报告大连 VTS,请求复航; 7.通报周围船舶,报告公司; 8.保存相关事实、决策的记录

在模拟培训中用到的外部沟通如下:

1. 发生搁浅时,驾驶员应向 VTS 报告。报告内容如下:

OOW:Dalian VTS, Dalian VTS, M/V OOCL AMERICA calling. Over.

VTS：M/V OOCL AMERICA, this is Dalian VTS, go ahead（come in）please. Over.

OOW：Dalian VTS, this is M/V OOCL AMERICA, call sign Victor Romeo Quebec Lima Nine, GPS position latitude 38 degrees 56 decimal 0 minutes North, longitude 121 degrees 41 decimal 5 minutes East.I am aground forward at 1130LT. my vessel is no flooding or oil pollution. Over.

VTS：M/V OOCL AMERICA, your message received, do you require any assistance？Over.

OOW：Dalian VTS, yes, I need tug assistance to refloat, according to the calculation, I expect to refloat when tide rises. Over.

VTS：M/V OOCL AMERICA, your message received, the tug assistance will meet you in 10 minutes. Over.

OOW：Dalian VTS, copy your message, thanks for your cooperation. Out.

2. 用 VHF CH16 向周围船舶播发航行警告：

OOW：Panpan, Panpan, Panpan, All stations, All stations, All stations, this is M/V OOCL AMERICA, call sign Victor Romeo Quebec Lima Nine, GPS position latitude 38 degrees 56 decimal 0 minutes North, longitude 121 degrees 41 decimal 5 minutes East.I am aground forward at 1130LT, my vessel is no flooding or oil pollution, all vessels should navigate with caution and keep clear of me. Out.

3.当船舶脱浅后,应向 VTS 中心报告：

OOW：Dalian VTS, Dalian VTS, M/V OOCL AMERICA calling. Over.

VTS：M/V OOCL AMERICA, this is Dalian VTS, go ahead（come in）please. Over.

OOW：Dalian VTS, this is M/V OOCL AMERICA, my vessel refloated, I apply for proceeding to Berth No.18 for investigation. Over.

VTS：M/V OOCL AMERICA, your message received, please proceed to Berth No.18 for investigation. Over.

OOW：Dalian VTS, your message received. Out.

4.用 VHF CH16 向周围船舶取消航行警告：

OOW：Security, Security, Security, All stations, All stations, All stations, this is M/V OOCL AMERICA, my vessel refloated, cancel my navigation warning. Out.

第四章

港内操船

港内操船指对船舶进行接送引航员、靠泊、离泊和锚泊等的操纵。港内操船时需要合理运用船舶操纵性能，使用船舶操纵设备及港作拖船，准确把握外界环境对船舶操纵的影响，以便对船舶的航向、航速和船位三要素进行实时的控制，保证船舶操纵的安全。

第一节　进出港时操纵

(本节适用于500总吨及以上船舶船长、大副，未满500总吨船舶船长)

由于港口的水域、气象、水文条件不同，船舶操纵方法也存在很大差异。船舶操纵人员首先要了解航行水域情况，针对其特点，进行进出港操纵。

一、掌握港口及泊位信息

1.航道宽度

航道宽度，即航道的有效宽度，是可供船舶安全航行的宽度。

2.航道水深

航道水深是衡量航道垂直方向通航最大船型尺度(吃水)的重要标志。

3.航道方向与弯度

航道方向是衡量风、浪、流影响程度的依据。河口港的航道一般方向与流向基本平行，然而在沿海或有旋转流的水域，航道方向或多或少与流向都有一定的交角，有的甚至为横流，在急流、横风的情况下可能造成船舶难以安全通过航道。

受地形、地貌的影响，在整个进港航道长度范围内可能存在一个甚至多个转向角，并不一定能保持同一航道方向。尽管在航道设计时考虑了转向点附近水域宽度的具体要求，但弯曲航道的确增加了实际操船的难度，而且转向角越大，难度越大。在转向角较大的水域，大中型船舶应考虑使用拖船协助转向。

4.乘潮水位

吃水较大的船舶,如果某一航段的水深不足以使船舶安全通过航道,则需要在一定的时间内利用一定的潮位,以确保船舶安全通过该航段,这种能使船舶在一定时间内安全通过航道的潮位称为乘潮水位。考虑到乘潮水位设计的航道不能全天候通航,所以对于需要乘潮进出港的船舶,需要考虑进出港的时机和时间。

5.掉头水域

掉头水域的大小与船舶尺度、掉头操纵方式、流向流速及风向风力等因素有关。

6.船舶制动水域

船舶制动水域一般设在进港方向上,通常为直线,有时也可能是曲线。制动距离的大小与船舶尺度、制动操纵方式、流向流速及风向风力等因素有关。

制动距离是船舶靠泊过程中选择船速的依据。船速过高,可能不易停船;船速过低,又可能由于风、流的影响而产生较大的漂移。因此,应根据可供制动的距离和水文气象条件选择合适的进港船速。

7.码头前沿停泊水域

停泊水域的大小由船舶尺度、靠离码头的方式、水流和强风的影响、转头区布置等因素确定,一般为 2 倍船宽。

8.泊位信息

船舶最常见的停泊方式之一是码头系泊。掌握泊位的结构、走向、长短,拟靠泊泊位前后是否有船停靠,实际泊位的空当的大小(一般为船长的 115%～120%)。

9.锚地信息

锚地是专供船舶(船队)在水上停泊及进行各种作业的水域,包括装卸锚地、停泊锚地、避风锚地、引航锚地及检疫锚地等。应掌握锚地的大小、用途、底质、水深,以备本船之需。

二、掌握港口气象及管理规定

1.气象水文信息

气象水文信息包括靠泊过程中遭遇的风、流、浪、潮汐等信息。对于风或流的影响,应掌握风向或流向与航道方向及码头方向的交角,确定是吹拢风还是吹开风,是顶流、顺流开流还是拢流,并掌握风力或流速的大小及变化趋势。对于浪的影响,应掌握浪向与航道方向及码头方向的交角,并注意浪高对船舶吃水及拖船作用效果的影响。对于乘潮进出港的船舶,还应掌握当地潮汐的变化情况。

2.通航管理规定

通航管理规定包括分道通航制、港内限速、VHF 的使用、引航点的位置及登船速度等。

3.导航设施

导航设施包括航标、导标的配布等。

三、掌握本船情况

船舶操纵人员应充分了解本船的操纵性能,并结合港内条件、船舶载态,根据实测或经验予以修正。

船舶操纵人员应掌握本船各种操纵设备的准备情况,如车、舵、锚、缆等情况。另外,船舶操纵人员应掌握本船的实际运动信息,充分利用 ROT 等设备监控船舶的转头角速度。

第二节　靠、离泊操纵

(本节适用于 500 总吨及以上、未满 500 总吨船舶船长)

船舶靠、离泊操纵时,由于低速行驶,船舶受风、流影响较大,且泊位附近可供操纵水域十分有限,这给船舶的安全操纵带来挑战,对操船者在技术知识和实践经验上有更高的要求。因此,操船者应结合当事船舶的操纵性能,正确运用车、舵、锚、缆、侧推器和拖船,克服风、流、浅水和受限水域的影响,以便安全、顺畅地完成靠、离泊操纵。

一、靠、离泊方式的选择

按照是否需要外力协助来区分,靠、离泊方式分为自力靠、离泊和拖船协助靠、离泊两种方式。靠、离泊方式不同,操纵方法也不相同,故在靠、离泊之前应根据船舶排水量、当时的操船环境以及操船者本身的具体情况来选择靠、离泊方式。

(一)自力靠、离泊方式

自力靠、离泊指凭借船舶自身的控制设备进行靠、离泊的操纵方式。船舶自身的控制设备主要包括推进器和舵,最常见的是单车、单舵船。传统意义上的自力靠、离泊方式一般仅适用于小型船舶(万吨级以下船舶),且仅限于在气象条件不太恶劣、水文条件不太复杂的情况下进行操作。

随着船舶控制技术的发展,船舶自身的控制设备也在不断完善,船舶自力靠、离泊能力逐渐增强。例如,现代化集装箱船的侧推器大大减小了对拖船的依赖程度。双车船自身的控制能力要高于单车船。因此,在气象条件不是很恶劣的情况下,有些装有侧推器和具有双车的大中型船舶也可采用自力靠、离泊方式。

(二)拖船协助靠、离泊方式

由于船舶行进速度越低,船舶失控的概率越大,且船舶吨位越大,操纵风险也就越大。因此,一般情况下,大中型船舶均采用拖船协助靠、离泊方式。实际上,为了降低靠、离泊操纵风险,万吨级船舶有时也采用拖船协助靠、离泊方式。

拖船协助靠、离泊时,所用拖船总功率及数量根据船舶排水量、环境条件以及船舶的操纵性能等因素确定,并留有一定的富余量。

二、靠泊操纵的准备工作

船舶进港靠泊之前,应做好充分的准备工作,包括了解港口水域环境、水文气象条件以及本船的操纵性能等方面的信息;制订周密的靠泊操纵计划等。

(一)了解有关信息

掌握相关信息是制订靠泊计划的前提条件。进港靠泊有关信息包括港口水域信息(航道、泊位、掉头水域等)、水文气象信息(风、浪、流、潮汐等)以及船舶信息(操纵性、载重状态、排水量)等。

(二)制订靠泊操纵计划

在了解和掌握上述信息的基础上,结合本船的载重状态和操纵性能,需在靠泊前预先制订一个完整的靠泊操纵计划。靠泊操纵计划一般由船长或港口引航员制订。该计划中应对靠泊中的关键操作的时间、地点及操纵要点做出概要说明,以便有关人员做好充分准备。靠泊操纵计划一般应包括但不限于下列内容:

1.预计靠泊操纵过程中及抵泊时的流向、流速、风向、风力、波向及波高。

2.确认靠泊舷侧,准备相关舷侧的系缆、锚及设备。

3.拖船协助靠泊时,根据船舶吨位或者载态合理配置拖船并确定拖缆在船上的系带位置及带缆时船舶抵达的地点。

4.确定从锚地起锚的时机,如果从港外直接进港,确定抵达某一地点或引航站的时间。

5.估计通过航道的时间,如果需乘潮通过航道,确定满足乘潮水位的时间段。

6.如果需要掉头操纵,确定掉头操纵的地点及掉头方向。

7.确定船舶抵达泊位的时机及时间。

8.确定带缆顺序,安排好人员就位,做好带缆作业准备。

9.靠泊中可能遇到的险情及其预防和相应的应急措施。

三、靠泊操纵要点

靠泊操纵过程实质上就是利用有效的操纵手段对船舶靠泊过程中运动状态进行控制的过程。这里的运动状态是指船速、航向和距离等运动和几何参数。合理选择这些参数有利于靠泊操纵的安全。这些参数的选择一般与船舶排水量、载重状态、停船性能、靠泊操纵方式以及水域环境、水文气象条件等因素有关。下面以船舶靠泊开敞式码头为例简要说明操纵要领。

(一)惯性余速

船首抵达泊位后端是船舶控制惯性余速的最佳时机。一般小型船舶船首抵泊位中间位置时惯性余速最好控制在 2 kn 以下,而大型船舶应控制在 0.5 kn 以下或停住。

船舶距泊位前沿 3~5 倍船长时,小型船舶惯性余速一般不宜超过 5 kn,在该船速下,可利用主机倒车制动和(或)拖锚制动等措施使船舶抵达泊位时停下来;中型船舶不宜采用拖锚制动方法,可用主机倒车制动,故惯性余速一般不宜超过 4 kn。大型船舶,特别是超大型油船(VLCC),倒车功率严重不足,需要拖船协助制动,此时惯性余速一般不宜超过 3 kn。

上述参考数据应根据具体情况进行调整。重载船舶的惯性余速应比压载船舶略低;压载船舶有横风影响时,惯性余速不宜过低;顺流时的惯性余速应比顶流时略低;横风较大时,船速不宜过低;顺风较大时,船速不宜过高;船舶在静水港内靠泊时比有流港控速、倒车及拖锚时机一般较早。

(二)抵泊横距

船舶排水量越大,抵泊横距应越大;有拖船协助靠泊时,可适当增加抵泊横距。

1.小型船舶

自力靠泊时,一般选择抵泊横距 1.5~2.0 倍船宽或 20 m 左右。

2.大型油船与散货船

一般情况下,大型油船与散货船靠泊时的抵泊横距可采用船长的 1/2~1/3。但是当风或(和)流压拢影响较大时,需保持 1 倍船长的抵泊横距,然后再用多艘拖船边顶边拉的方式缓慢地逐步靠岸。

3.集装箱船

船舶驶抵泊位外档时保持 2~3 倍船宽的抵泊横距(港口航道条件不允许的除外)。但是在有强吹拢风的情况下,需适当增大抵泊横距,以便留有更大的余地,通过拖船的协助与对自身车舵的使用,控制好船舶靠拢泊位的船位与速度。

上述参考数据应根据具体情况进行调整。通常,压载船舶有吹拢风影响时,应适当增加抵泊横距;有吹开风影响时,应适当减小抵泊横距;重载船舶富余水深较小时,船舶横移困难,则应适当减小抵泊横距。

(三)抵泊角度

按照抵泊角度进行分类,靠泊可分为小角度抵泊和大角度抵泊两种方式。

小角度抵泊时,进港航道方向与泊位方向平行,这时,可对抵泊角度进行选择。在可选择抵泊角度的情况下,一般排水量大的船舶宜采用小角度抵泊方式,且排水量越大,抵泊角度应越小;有较大吹拢风或吹开风影响时,为了减小船舶向下风漂移,宜采用大角度抵泊方式;泊位后方有他船停泊比无他船停泊时的抵泊角度要大;顺岸流流速较高时,宜采用小角度抵泊方式。

大角度抵泊时,进港航道方向与泊位方向有较大交角,有的甚至接近 90°。这时,抵泊过程可能是一个连续转向过程,其轨迹是一条弧线,无法选择抵泊角度,只能根据具体情况进行适当调整。

(四)靠拢角度

按照靠拢角度进行分类,靠泊可分为平行靠拢和小角度靠拢两种方式。

靠拢角度决定了船舶靠拢时的接触面积,$\alpha \neq 0°$时,接触面积小,船体可能仅与一个护舷接触,如果靠岸速度较大,则可能造成码头或船体损坏。因此,无论采用何种靠拢方式,船舶接触码头的瞬间都应采用平行靠拢方式($\alpha=0°$)。

一般来说,船舶排水量越大,靠拢角度应越小;重载船顶流较强时,靠拢角度宜小;轻载船吹开风较大时,靠拢角度宜大。

通常,小型船舶可采用小角度靠拢方式;大中型船舶由于其惯性巨大而难以控制,则必须采用平行靠拢方式。

(五)靠拢速度

船舶排水量越大,法向靠岸速度应越小。一般万吨级船法向靠岸速度应低于 15 cm/s;中型船舶应低于 10 cm/s;大型船舶应低于 8 cm/s;超大型船舶应控制在 5 cm/s 以下。

(六)靠泊效果与报告

1.船身基本与码头平行,且任何一端距离码头岸线不超过一半船宽,艏艉至少各有一根缆绳带妥。

2.靠泊完毕后报告 VTS。

四、离泊操纵的准备工作

1.离泊前,应实地观察风、流及泊位前后情况,确认前后有无动车余量、锚链方向及长度,系缆的角度及受力状态,以及水域内来往船舶的动态。凡不适宜部分应做必要的调整。

2.制定离泊方案。应根据气象、潮汐、泊位特点、船舶动态、装载情况,按照本船实际操纵性能,正确决定离泊时机、离泊方案,并于出航前的会议上对有关人员进行布置。

3.如有拖船协助,应交代协助操纵方案,以使其主动配合。

4.机舱试车前,驾驶员应到船尾察看系缆及推进器附近是否清爽,舷梯、吊杆及岸上装卸设备是否有碍,在确认无碍后方可试车。另外试舵、试声光信号,并按规定悬挂信号。

5.报告 VTS。

6.备车和拖船(如需要)就位后再做单绑。使用倒缆摆首或甩尾时必须确保其强度,里档锚不应与码头护舷齐平,突出部位或触岸部位应垫好碰垫,确认已收起舷梯,水面清爽时即可实施离泊操纵。

五、离泊操纵

船舶艏艉缆清爽后,运用车、舵、锚、缆和侧推器;有时在拖船的协助下,克服风、流等外界因素的影响,使船舶离开泊位。

通常船舶离泊操纵要领包括确定离泊方式、掌握摆出角度、安全操纵横距和控制船舶的前冲后缩。离泊操纵方法一般取决于船舶排水量、载重状态以及水域环境、水文气象等因素。船舶离泊的操纵要领如下:

（一）离泊方式

按照离泊操纵时艏向与码头岸线之间的交角进行分类,离泊方式可分为艏离、艉离和平行离三种方式。

1.艏离方式

小型船舶自力离泊时,在顶流或吹开风、泊位前方清爽,且船首摆开 15°时车舵不会触碰码头的情况下,可采用艏离方式,如图 4-2-1(a)所示。

2.艉离方式

小型船舶自力离泊时,一般采用艉离方式,特别是在静水港或顺流情况下。艉离时,一般借助艏倒缆,采用内舷舵、进车将船尾摆开,如图 4-2-1(b)所示。

3.平行离方式

由于采用艏离和艉离方式的操纵风险都比平行离方式要大,因此,在有拖船协助离泊的情况下,普遍采用平行离方式。大中型船舶需拖船协助离泊,均采用平行离方式,如图 4-2-21(c)所示。

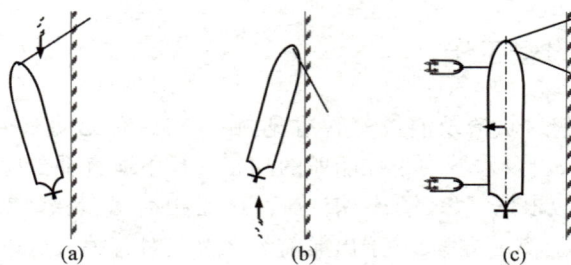

图 4-2-1　离泊方式示意图

（二）掌握摆出角度

艏离或艉离时,其摆出角度的大小取决于当时外界环境影响程度和摆出后的操船需要。

当风、流影响有利摆出时,摆出角度应适当减小,如顶流吹开风采用艏离方式,或顺流吹开风采用艉离方式。相反,当外力不利摆出时,摆出角度应适当增大,如顶流吹拢风采用艉离方式。

（三）安全操纵横距

该安全操纵横距取决于风、流的影响,泊位前后的活动空间,后续操纵的需要等因素。直接出港时,泊位前后无他船停泊,安全横距一般至少保证 2 倍船长。泊位前后有他船停泊,安全横距一般至少保证 3 倍船长。离泊后需在泊位前沿掉头操纵时,安全横距一般至少保证 1 倍船长。

（四）控制前冲后缩

船舶刚离开泊位时,因受到风、流的影响会产生前后运动或首尾偏转的现象。此时,操船者应密切注意船舶周围的操纵余地,并利用附近的参照物灵敏地判断船舶的运动状况,有效地通过用车、舵、溜缆、侧推器或拖船予以控制。

第三节　锚泊作业

（本节适用于500总吨及以上船舶船长、大副，未满500总吨船舶船长）

锚泊是船舶最常用的停泊方式之一。本节主要介绍锚泊作业锚地的选择、进入锚地操船方法、锚泊方式、锚泊作业及起锚作业程序。

一、锚地的选择

在评估作业时，VTS会要求到指定锚地锚泊，具体的锚泊位置可以由操船者在有限范围内自由选择。锚地水深、船舶密度、避风条件等差别较大，须根据船舶本身的特点选择合适的锚泊位置。在选择锚位时，一般须考虑锚地水深、底质和地形、回旋余地、避风条件等因素，如VTS指定锚位，操船者应对其指定锚位进行评估，如有疑问应提出质疑。

（一）锚地水深

选择锚地最小水深时，应考虑船舶吃水、海图水深、当地潮差、波浪高度及船舶的摇摆程度等因素。同时，锚地水深的选择既要保证船舶有较好的操纵性能，又要保证锚泊过程中的停泊安全。锚泊时，最低潮时所需锚地最小水深可按下式进行估算：

$$h = dk + 2/3h_w \tag{4-3-1}$$

式中：h——最低潮时的锚地最小水深，即海图水深；

　　　d——锚泊时船舶最大吃水；

　　　k——系数，无浪涌或遮蔽良好时取1.2，有浪涌或遮蔽不良时取1.5；

　　　h_w——最大波高，无浪涌或遮蔽良好时取0。

例如，一艘最大吃水为12.5 m的船舶，在遮蔽体条件较差的锚地锚泊，则所需最小水深约为19 m；而在遮蔽体条件较好的条件下，仅需约15 m。据此推算，万吨级船舶选择锚地时的水深为15~20 m。

有些大型船舶可能需要在深水水域锚泊，在深水区域选择锚地最大水深时，应考虑锚机的额定起锚能力和锚的有效抓力等因素。考虑到锚的有效抓力，锚地最大水深一般不宜超过一舷锚链总长的1/4。

（二）底质和地形

锚抓底之后能否发挥出较大的抓力与底质的关系极为密切。软硬适度的沙底和黏土质海底抓力均好，泥沙混合底次之，硬泥、软泥底质较差，石底、珊瑚礁底不宜抛锚。锚地的海底地形以平坦为好，若坡度较陡（等深线较密）则将影响锚及锚链的抓力，容易出现走锚。另外，在底质不明的水域不宜锚泊。

（三）回旋余地

除了要满足水深和底质条件外,锚泊时还要有足够的回旋水域。所需回旋水域直径取决于水文气象条件、出链长度、船舶长度、水深等因素。

港口水域或遮蔽良好水域锚泊时,所需锚泊水域半径为:

1.单锚泊时:

$$R = L + (60 \sim 90)\,\text{m} \tag{4-3-2}$$

2.双锚泊时:

$$R = L + 45\ \text{m} \tag{4-3-3}$$

式中: R——锚泊所需水域半径;

L——船长。

（四）避风条件

水域周围的地形应能成为船舶躲避风浪的屏障,以保证锚泊水域海面的平静,尤其以可防浪涌袭扰的为水域最好。

当根据当地气象预报、海浪预报和所处海区盛行的季风选择锚地时,应以免受强风袭扰,靠上风水域一侧(即避风水域内)为原则。

（五）其他方面

所选锚地附近应远离航道或水道等船舶交通较密集地区,还应是无海底电缆、输油管路等水中障碍物的水域,水流宜缓且方向稳定。

二、进入锚地操船方法

1.驶向锚地过程中,应根据水文气象、碍航物、通航密度及本船惯性适时停车,抵锚位前船舶应保持一定的舵效。

2.按照"宁尾勿首"的原则通过其他锚泊船。由于驶向锚位的船舶航速低,受风、流影响较大,为防止船舶被风、流压向其他锚泊船,应从锚泊船船尾通过,尽可能避免从锚泊船船首通过。

3.加强瞭望,应特别注意正在起锚准备开航的船舶,也应注意与锚地中在航船舶的避碰。

三、锚泊方式

按照使用锚的数量进行分类,锚泊方式可分为单锚泊和双锚泊两种方式。按照双锚泊两锚链方向的交角进行分类,双锚泊又分为八字锚、一字锚和平行锚三种方式。锚泊方式的选择取决于锚地条件、底质、风、浪、流等情况。

四、锚泊作业

对于运输船舶来说,无论是小型船舶还是大型船舶,最常用的锚泊方式是单锚泊,本节仅以介绍单锚泊为例介绍其操纵方法。单锚泊操纵方法有前进抛锚法和后退抛锚法两种。前进抛锚法仅适用于小型船舶,而一般商船多采用后退抛锚法。

(一) 备锚

备锚是指使锚和锚链处于预备抛出状态,包括起动锚机、解开掣链器、合上离合器、用锚机将锚从锚链孔处送至预定抛出高度、刹紧制动器、脱开离合器等操作步骤,然后等待抛锚指令。

按照抛锚高度进行分类,抛锚方法可分为浅水抛锚法和深水抛锚法两种方法。从锚链孔处直接抛锚或在水面以上 1~2 m 处进行抛锚的方法称为"浅水抛锚法"。浅水抛锚法一般适用于 25 m 以下的水深。

备锚时先将锚送至与海底有一定距离的预备抛出高度,再从这一高度抛锚的方法称为"深水抛锚法"。水深达 25 m 以上采用"深水抛锚法"。

水深为 25~50 m 时,即应采用约 12 m 的抛锚高度,水越深,抛锚高度应越小。水深为 50~80 m 时,可在预备抛出状态先利用锚机将锚送达海底,即抛锚高度为 0。在水深超过 80 m 时,可利用锚机将预定需抛出的锚链全部送出,并使锚链横卧海底。

(二) 抛锚时的艏向

船舶进入锚地的艏向最好指向风、流作用的合力方向。锚地有他船锚泊时,可根据其他锚泊船的艏向和锚链的松紧程度大致判断当时的风、流作用力的方向和大小。通常,压载船舶遭遇大风且流速较小时,宜采用船首顶风抛锚方式;重载船舶遭遇急流且风力较小时,宜采用船首顶流抛锚方式。风舷角或流舷角越小越安全,一般不宜大于 15°,切忌在横风、横流时抛锚。

(三) 抛锚时的船速

停船后船舶对地略有退速时为抛锚的最佳时机。退速的大小主要取决于船舶排水量,小型船舶一般控制在对地船速 2.0 kn 以下;中型船舶控制在对地船速 1.0 kn 以下;大型船舶控制在对地船速 0.5 kn 以下;超大型船舶抛锚时的退速甚至要更小。

(四) 调整姿态及松链

将锚抛入水中,一般抛出 2~2.5 倍水深的短链长度时,应将锚链刹住,利用船后退的拉力使锚爪啮入土中。

抛出短链后,抛锚操作人员应随时将水面以上锚链部分的松紧程度和方向情况向驾驶台报告。

船长或引航员根据报告的具体情况采用进车、操舵或倒车措施调整船舶运动状态,使之便于松链。一般根据锚链的松紧程度进行松链,锚链受力时送出锚链,锚链松弛时刹住锚链,这样反复几次,直至松至锚链所需链长。

(五) 锚抓底情况的判断

锚链松到所需链长后,应将刹车刹牢、合上掣链器。此后抛锚操纵人员切不可立即离开船首,应对锚链受力状态进行仔细观察,判断锚是否有效抓底。

停止松链几分钟后,船舶在风、流的作用下将以微小速度后退,锚链随着船舶的后退逐渐绷紧。如果锚链绷紧之后短时间内变得松弛,即露出水面的锚链长度缓慢缩短,锚链呈自然悬垂状态,则说明锚已经稳定抓底。如果锚链长时间处于绷紧状态或锚链绷紧时抖动,则说明锚没有稳定抓底,而处于走锚状态,应通知驾驶台起锚重新抛锚。

(六) 锚泊后的后续工作

待判断锚已抓牢,升挂锚球或开启锚灯并通知驾驶台。驾驶台应记录锚位、设置锚泊报警并向港方报告锚泊动态。

五、起锚作业

(本部分适用于 500 总吨及以上船舶大副)

在港区锚地锚泊的船舶,在起锚作业前应向 VTS 申请开航,待 VTS 同意后进行起锚作业。

(一) 准备工作

(1) 通知机舱送电,供锚链水。

(2) 锚机加油润滑,空车试验(正反转),确认一切正常后再合上离合器,打开掣链器和刹车带,让锚机受力。

(3) 准备工作完毕后,立即向驾驶台报告。

(二) 绞锚操作

(1) 接到驾驶台起锚口令后,大副根据锚链受力情况指示木匠以适当速度绞锚。

(2) 开启锚链水,冲洗锚链上的污泥。

(3) 绞锚过程中,大副应随时将锚链的方向、甲板以下节数及锚链的受力情况报告给船长,以便驾驶台进行车、舵配合绞锚。

(4) 绞锚时若风大流急,锚链绷得很紧,此时不能硬绞,而要报告驾驶台,进车配合,等船身向前移动锚链松弛后再绞,以防损伤锚链和锚机。若锚链横越船首,应利用车、舵将船逐渐领直后再绞进。

(三) 锚离底的判断

首先,锚爪出土的瞬间锚机负荷最大,锚离底后锚机负荷突然下降,此时锚机转速由慢变快,声音由"吭吭"的沉闷声变为"哗哗"的轻快声。其次,将海图水深(考虑潮高变化)和出链长度相比较,当出链长度小于水深时,即可判断锚离底。

(四) 锚离底

锚离底时应报告驾驶台,同时降下锚球或关闭锚灯。锚出水后,要观察锚爪上是否挂有杂物,若有,应及时清理,然后根据需要将锚悬于舷外待用或收妥。

(五) 结束工作

(1) 若锚不再使用需收进锚链筒时,应慢慢绞进,直到锚爪与船舷紧贴为止。

（2）合上掣链器，用锚机倒出一点锚链，使掣链器受力，然后上紧刹车，脱开离合器。

（3）关闭锚链水，盖上锚链筒防浪盖，罩好锚机，用链式掣链器加固锚链，封好锚链管口，通知机舱关闭锚机电源。

第四节　港内操船评估练习题

（本节适用于 500 总吨及以上船舶船长、大副，未满 500 总吨船舶船长）

港内操船评估练习题主要包括船长的锚泊作业、靠泊作业、离泊作业以及大副的锚泊作业（包括抛锚与起锚）。以下分别列举评估练习题。

一、锚泊作业

（本部分适用于 500 总吨及以上船舶船长、大副，未满 500 总吨船舶船长）

（一）评估方式

以新加坡 Eastern Bunkering A（AEBA）锚地场景为例，使用航海模拟器进行评估。船舶资料如下：

船名	COSGREAT LAKE
呼号	HORS
类型	Oil Tanker
载态	B
船长(m)	333
船宽(m)	60
吃水(m)	9.75
设计船速(kn)	15.2
排水量(t)	145 560

（二）任务描述

在新加坡进港过程中，因天气海况恶劣、应急处置或抛锚候泊等原因，接 VTS 指令航经 PJSB 前往 AEBA 锚地抛锚。参加大副评估考试时，假定船长因故不能上驾驶台，由大副继续替代船长进行锚泊作业。

船舶载态：30 万吨级船舶压载。

预设能见度为 15 n mile，风向为 045°、风速为 10 m/s，海流流向为 235°、流速为 0.2 kn。

（三）操作要求

担任指挥的考生继续在驾驶台指挥船舶锚泊作业，驾助模拟在船头抛锚操作。

抛锚后,轮换角色,由考生 B 接替 A 担任指挥,进行起锚作业。轮换角色时,考生应按照驾驶台程序交接班,并向控制台报告。

(四)抛锚评估要素、评价标准及实操过程

表 4-4-1 为抛锚评估要素、评价标准及实操过程。

表 4-4-1　抛锚评估要素、评价标准及实操过程

评估要素	评价标准	实操过程
1.抛锚前准备	1.根据水深、底质、障碍物、旋回余地、避风条件、风流方向等选择最合适的抛锚位置。 2.确定进入锚地及抛锚方法、锚泊方案和出链长度。 3.通知相关人员做好锚泊准备	1.假定从 PJSB 开始操纵船舶,根据旋回余地、水深、底质和周围船舶状况等选择最合适的抛锚位置:01°17.86′N,104°04.28′E。 2.确定从锚地南侧驶近抛锚位置右下方,然后向右转向驶近,根据风流情况结合他船艏向,判断最后锚泊船艏向约 050°。 3.计划采用退抛法,抛左锚,出链长度为 5 节入水。 4.提前通知大副及作业人员做好相关准备
2.抛锚作业	1.备锚。 2.合理运用车舵,控制船身、船位、船速,安全进入锚地。 3.控制艏向和余速,抛出短链;根据锚链方向和受力情况,采用进车或倒车配合松链,使锚顺利抓底	1. 船头按照作业程序备锚结束。 2.合理运用车舵,控制船身、船位、船速,在图 4-4-1①号位置船速约 4.0 kn,艏向约 263°,主机停车或微速前进;大概在图 4-4-1 中②号位置进行转向操作,此时船速约 2.0 kn,艏向约 270°,主机加车并操右满舵。 3.适时停车、倒车及操舵,操纵船舶在图 4-4-1 中③号位置艏向约 050°,船速控制在对地速度 0 kn。 4.先抛出左锚 2 节入水的短链长度,将锚链刹住,利用船后退的拉力使锚爪啮入土中。 5.抛出短链后,锚泊操作人员随时将锚链的松紧程度和方向情况向驾驶台指挥报告;驾驶台指挥根据报告的具体情况利用车舵调整船舶运动状态,使之便于松链。 6.根据锚链的松紧程度进行松链,锚链受力时送出锚链,锚链松弛时刹住锚链,这样反复几次,直至送至 5 节链长入水
3.锚泊效果	1.出链长度应满足锚泊安全。 2.测定记录锚位、设置锚泊报警、向港方报告锚泊动态、升挂锚球或开启锚灯	1.出链长度为 5 节入水,并确认锚已抓牢,满足锚泊安全。 2.根据 GPS 和雷达测定记录锚位,在电子海图和雷达上设置锚泊报警,升挂锚球或开启锚灯,更改 AIS 航行状态为 At anchor。 3.通过 VHF 向新加坡 VTS 报告

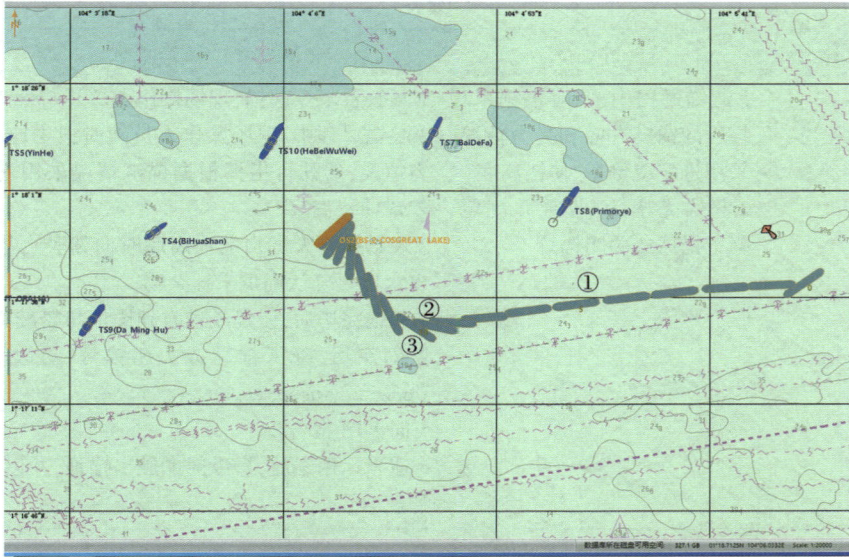

图 4-4-1　新加坡 AEBA 锚池抛锚作业实操过程

（五）起锚评估要素、评价标准及实操过程

表 4-4-2 为起锚评估要素、评价标准及实操过程。

表 4-4-2　起锚评估要素、评价标准及实操过程

评估要素	评价标准	实操过程
1.起锚前准备	观察周围水域环境，风、流情况，核对锚位和锚链受力情况，通知相关人员做准备	1.向 VTS 申请起锚，并根据风、流情况制定起锚方案和安全驶出锚地的方案；计划向右掉头驶出锚地并以小角度进入通航分道。 2.驾驶台指挥和现场操作人员观察周围水域环境，周围船舶情况，风、流情况，核对锚位情况，向驾驶台指挥通报锚链受力情况和方向。 3.通知机舱送电，供锚链水。 4.作业现场对锚机加油润滑，空车试验（正反转），确认一切正常后再合上离合器，打开制链器和刹车带，让锚机受力。 5.准备工作完毕，向驾驶台指挥报告

续表

评估要素	评价标准	实操过程
2.起锚作业	1.起锚过程中,及时根据甲板报告的锚链方向和受力情况,采用进车或倒车,使锚离底; 2.起锚完毕后,收紧并固定,降下锚球或关闭锚灯	1.驾驶台下令起锚,现场操作人员开始绞锚。 2.起锚过程中,现场操作人员随时报告锚链方向和受力情况,驾驶台指挥根据锚链情况采用进车或倒车,绞锚使锚离底。 3.现场操作人员判定锚离底时向驾驶台指挥报告;锚出水后要确认锚爪未挂杂物。 4.起锚完毕后,慢慢绞进直到锚爪与船舷紧贴为止;收紧固定后,降下锚球或关闭锚灯;更改 AIS 状态为 Under way using engine。 5.向 VTS 报告。 6.适当运用车舵,操纵船舶驶出锚地,并以小角度进入通航分道内

图 4-4-2 为新加坡 AEBA 锚地起锚作业实操过程。

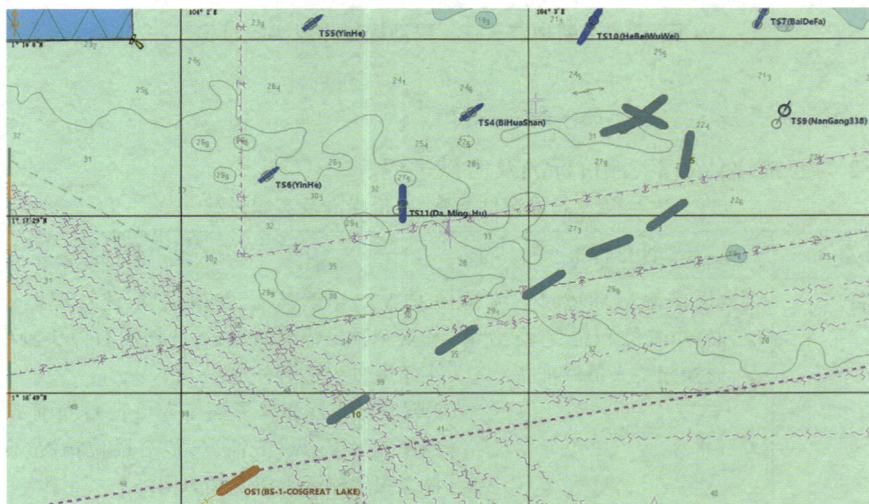

图 4-4-2　新加坡 AEBA 锚地起锚作业实操过程

二、靠泊作业

(本部分适用于 500 总吨及以上、未满 500 总吨船舶船长)

(一)自力靠泊

(本部分适用于 500 总吨及以上、未满 500 总吨船舶船长)

1. 评估方式

以大连港进港场景为例,使用航海模拟器进行评估。船舶资料如下:

船名	HongQi177
呼号	C012
类型	Bulk Carrier
载态	B
船长（m）	104
船宽（m）	16
吃水（m）	5.9
设计船速（kn）	12.4
排水量（t）	6 656

2. 任务描述

船舶载态：8 000 吨级船舶压载。

环境条件：吹开风5级以下，码头位于有掩护的港池内，流和浪的影响忽略不计。可航水域宽度约2倍船长。

泊位情况：码头岸线与船舶进港方向平行，泊位后方有他船停泊。

操纵方式：自力靠泊，控制手段包括推进器、舵、单锚、系缆。

控制台模拟港方；驾驶员负责对内对外联系，协助靠泊时系缆。

3. 操作要求

考生B担任船长，操纵船舶起锚靠泊。

4. 评估要素、评价标准及实操过程

表4-4-3为评估要素、评价标准及实操过程。

表4-4-3　评估要素、评价标准及实操过程

评估要素	评价标准	实操过程
1.靠泊前准备	1.根据本船载况，泊位水深，风、流情况，制定靠泊方案； 2.确定带缆顺序，安排好人员就位，做好带缆作业准备	1.提前向VTS申请靠泊并制定靠泊方案。 2.确定带缆顺序并通知船首及船尾的驾驶员，安排好人员就位，做好带缆作业准备。 3.通知码头带缆工人就位
2.靠泊操作	1.根据风、流情况，控制靠泊角度； 2.控制靠泊余速，根据船舶状况及环境条件控制好横移速； 3.合理使用车、舵、锚、侧推器协助靠泊； 4.操作过程中，本船没有发生触碰事故	1.船舶进入港池时，如图4-4-3位置①所示，船速控制在3.5 kn左右，船位应位于港池中线稍偏上风一侧，抵泊角度约2C°。此时，操正舵，慢速倒车。 2.船舶抵达泊位后方时，如图4-4-3位置②所示，船速将降为2.5 kn左右，受倒车横向力影响船首将右偏。此时，仍操正舵，并停车。 3.船首抵达泊位中点时，如图4-4-3位置③所示，船速将降为2 kn左右，受倒车横向力影响船首继续右偏，受吹开风的影响鈻位向下风漂移，此时，抛下左锚1节落水，并操右满舵

续表

评估要素	评价标准	实操过程
		4.船舶抵达泊位前沿时,如图 4-4-3 位置④所示,船速将降为 0,受锚链力的作用船首发生左偏,使靠岸角度为 10°～15°。此时,船首距离泊位 1～1.5 倍船宽,即可进行带前倒缆和艏缆,并微速进车、操右舵,使船首渐渐接近码头岸线,船舶在锚链产生的转船力矩的作用下,靠岸角度逐渐减小。靠岸过程中如船首左转过快,可适当松出锚链;如船首右偏过快,可适时停车
3.靠泊效果	船身基本与码头平行,且任何一端距离码头岸线不超过一半船宽,艏艉至少各有一根缆绳带妥	1.随着靠岸角度的逐渐减小,船舶靠岸时基本平行于码头岸线,任何一端距离码头岸线不超过一半船宽,艏艉至少各有一根缆绳带妥,如图 4-4-3 位置⑤所示。艏缆收紧后,即可系带艉缆和后倒缆。全部缆绳带妥后,松出锚链使其处于垂直状态,以免妨碍他船航行。 2.更改 AIS 状态为 Moored,向 VTS 报告

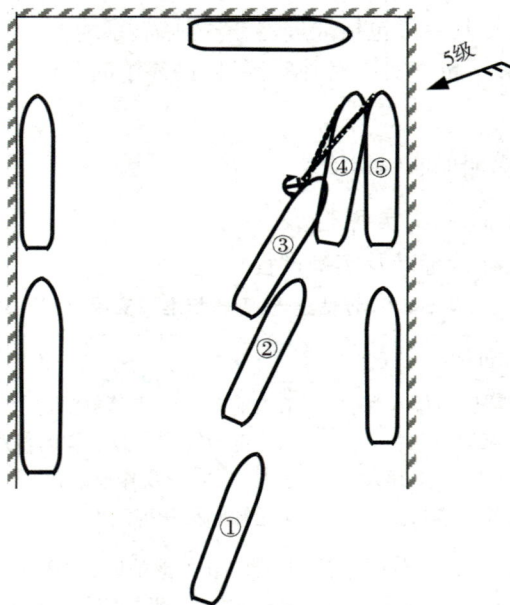

图 4-4-3 自力靠泊实例

(二)拖船协助靠泊

(本部分适用于 500 总吨以上船舶船长)

1. 评估方式

以大连港进港场景为例,使用航海模拟器进行评估。船舶资料如下:

船名	PRIMORYE
呼号	UHIO
类型	Oil Tanker
载态	F
船长(m)	248
船宽(m)	42
吃水(m)	13.6
设计船速(kn)	14.0
排水量(t)	114 297

2. 任务描述

船舶载态:10 万吨级船舶满载。

环境条件:吹拢风,风向为 NNW,风力为 3 级;顶流,流向为 150°,流速为 0.5 kn,浪的影响忽略不计。

泊位情况:泊位方向 330°~150°,泊位岸线与船舶进港方向接近 90°,泊位后方无他船停泊。

拖船配置:按 $DWT \times 10\%$ 或 $GT \times 15\%$(hp)和实际情况(包括港口条件、船舶条件和自然环境条件)确定拖船配置(功率及数量)。本次靠泊拟左舷艉各配置 3 000 hp 拖船一艘,船尾配置制动拖船 3 000 hp 一艘;船舶到位靠入时,船尾制动拖船移至船中协助靠入操纵。

操纵方式:拖船协助靠泊,控制手段包括推进器、舵、拖船、系缆。

控制台模拟港方和拖船船长;驾驶员负责对内对外联系,协助带拖船和靠泊时系缆。

3. 操作要求

考生 B 担任船长,操纵船舶起锚靠泊。

4. 评估要素、评价标准及实操过程

表4-4-4 为评估要素、评价标准及实操过程。

表4-4-4　评估要素、评价标准及实操过程

评估要素	评价标准	实操过程
1.靠泊前准备	1.根据本船载况,泊位水深,风、流情况和可以使用的拖船情况,制定靠泊方案; 2.确定带缆顺序,安排好人员就位,做好带缆作业准备	1.提前向 VTS 申请靠泊并制定靠泊方案。 2.确定带缆顺序并通知船首及船尾的驾驶员,安排好人员就位,做好带缆作业准备。 3.通知拖船在拟带拖船位置就位。 4.通知码头带缆工人就位

续表

评估要素	评价标准	实操过程
2.靠泊操作	1.根据风、流情况,控制靠泊角度; 2.控制靠泊余速,根据船舶状况及环境条件控制好横移速度; 3.根据船舶吨位或者载态合理配置拖船; 4.合理使用车、舵、锚、侧推器和拖船协助靠泊; 5.操作过程中,本船未发生触碰事故	1.船舶距泊位前转向点 1 n mile 时,见图 4-4-4 中船位置①,船速控制在 5 kn,停车淌航,由于右舷受接近横风、流的作用,船舶向左漂移明显,注意向右舷选取风流压差以便保持船舶的航迹向。 2.船舶距泊位前转向点 3~5 倍船长时,见图 4-4-4 中船位置②,左舷首尾及船尾带拖船,随船速的下降风流压差增大、舵效变差,此时应用拖船调整船舶航向保持航迹向,同时运用船尾制动拖船控制船舶运动速度,当船舶抵转向点前控制船速在 2 kn 左右。 3.船舶抵泊位前转向点时,见图 4-4-4 中船位置③,艏部拖船顶推,艉部拖船拖曳,使船舶向右转向,转向过程中应注意船舶受风、流影响的漂移情况,为了减小掉头过程中拖船所致的向下游的漂移,视船舶转头速率的大小,以艏部拖船顶推为主,艉部拖船拖曳为辅。 4.船舶抵泊位下端前,见图 4-4-4 中船位置④,余速控制在 1 kn 左右,此时是控制船舶抵泊余速和靠拢角度的最佳时机,此时应利用艏艉拖船调整船舶的抵泊角度,运用船尾制动拖船或辅以倒车控制抵泊余速
3.靠泊效果	船身基本与码头平行,且任何一端距离码头岸线不超过一半船宽,艏艉至少各有一根缆绳带妥	1.船舶抵泊位外挡时,见图 4-4-4 中船位置⑤,控制船艉线与泊位平行,船舶与泊位的间距为 1.5~2 倍船宽,船舶纵向运动速度约为 0 kn。随后,运用拖船进行靠入的操作,保证船舶贴靠泊位的法线速度小于 10 cm/s,船舶靠岸时基本平行于码头岸线,任何一端距离码头岸线不超过一半船宽,艏艉至少各有一根缆绳带妥,见图 4-4-4 中船位置⑥。 2.更改 AIS 状态为 Moored,向 VTS 报告

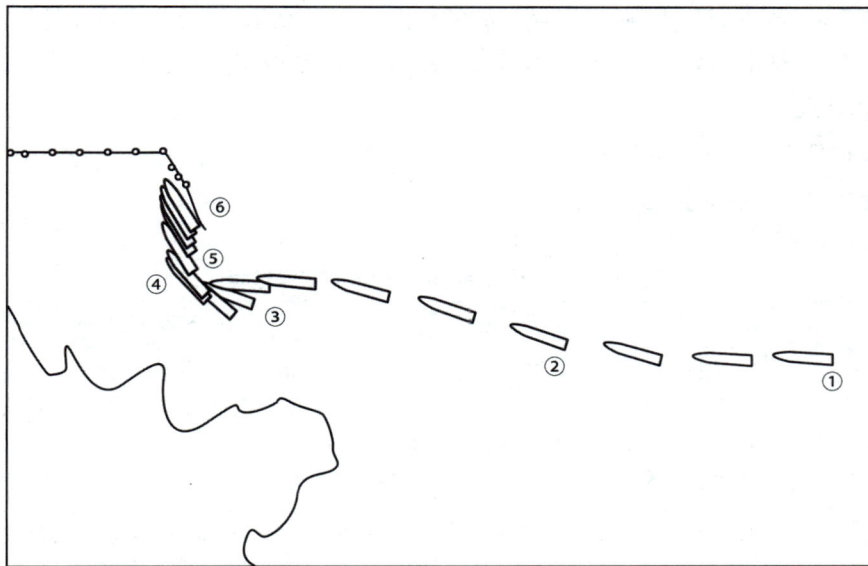

图 4-4-4　10 万吨级船舶靠泊

三、离泊作业

(本部分适用于 500 总吨及以上、未满 500 总吨船舶船长)

(一)自力离泊

(本部分适用于 500 总吨及以上、未满 500 总吨船舶船长)

1. 评估方式

以大连港离港场景为例,使用航海模拟器进行评估。船舶资料如下:

船名	HongQi177
呼号	C012
类型	Bulk Carrier
载态	F
船长(m)	104
船宽(m)	16
吃水(m)	6.5
设计船速(kn)	12.0
排水量(t)	7 419

2. 任务描述

船舶载态:8 000 吨级船舶满载。

环境条件:顶流 1 kn。

泊位情况:船首方向清爽,码头岸线与船舶出港方向一致,泊位后方有他船停泊。

操纵方式:无拖船协助,控制手段包括推进器、舵、开锚、系缆。

3.操作要求

考生 C 担任船长,指挥船舶离泊掉头作业。

4.评估要素、评价标准与实操过程

表 4-4-5 为评估要素、评价标准与实操过程。

表 4-4-5　评估要素、评价标准与实操过程

评估要素	评价标准	实操过程
1.离泊前准备	1.根据风、流情况制定离泊方案; 2.安排人员做好离泊前准备,确认收起舷梯、前后水域清爽等	1.向 VTS 申请离泊并根据风、流情况制定离泊方案。 2.安排人员做好离泊前准备,确认收起舷梯、前后水域清爽等。 3.通知码头带缆工人就位
2.离泊操作	1.合理使用车、舵、锚、侧推器协助离泊; 2.合理发布解缆指令,确保船尾清爽; 3.操作过程中,本船未发生触碰事故	1.船舶备车后单绑,如图 4-4-5 中位置①所示。 2.开始离泊时,使艉倒缆受力,解艏艏缆;边松艉缆,边绞锚链,待船首摆出 10°~15°时,解艉倒缆,内舷舵;随后,船舶受流的冲压船尾外摆,船体向后漂移,如船舶漂移明显时应适当辅以微进车,如图 4-4-5 中位置②所示。 3.如图 4-4-5 中位置③所示,待船尾在横向与后方停泊船舶清爽时,解艏缆;此时船舶受流压作用会明显向后漂移,应快进车予以抑制
3.离泊效果	根据泊位附近水域情况选择合适的掉头方式,合理控制离泊船速和船位,以便于后续掉头操作	1.船舶抵图 4-4-5 中位置④时,锚绞起,即可开航,如图 4-4-5 中位置⑤所示。 2.更改 AIS 状态为 Under way using engine;向 VTS 报告

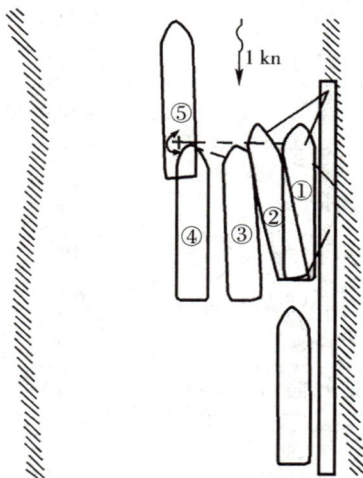

图 4-4-5　自力离泊实例

(二)拖船协助离泊

(本部分适用于 500 总吨及以上船舶船长)

1.评估方式

以大连港离港场景为例,使用航海模拟器进行评估。船舶资料如下:

船名	COSGREAT LAKE
呼号	HORS
类型	Oil Tanker
载态	F
船长(m)	333
船宽(m)	60
吃水(m)	20.9
设计船速(kn)	11.8
排水量(t)	338 975

2. 任务描述

船舶载态:30 万吨级船舶满载。

环境条件:吹开风,风向为 NNE,风力为 5 级;顶流,流向为 230°,流速为 0.5 kn。

泊位情况:泊位方向 053°~233°,船首方向与出港方向夹角 165°。泊位为开敞式。

拖船配置:按 $DWT \times 10\%$ 或 $GT \times 15\%$(hp)和实际情况(包括港口条件、船舶条件和自然环境条件)确定拖船配置(功率及数量),本次离泊操纵拟共配置 7 000 hp 拖船四艘,总功率 28 000 hp,左舷艏部、艉部各两艘。

操纵方式:拖船协助离泊,控制手段包括推进器、舵、拖船、系缆。

3.操作要求

考生 C 担任船长,指挥船舶离泊掉头作业。

4.评估要素、评价标准与实操过程

表 4-4-6 为评估要素、评价标准与实操过程。

表 4-4-6　评估要素、评价标准与实操过程

评估要素	评价标准	实操过程
1.离泊前准备	1.根据风、流情况制定离泊方案; 2.安排人员做好离泊前准备,确认收起舷梯、前后水域清爽等	1.如需引航,应提前申请引航员登船。 2.向 VTS 申请离泊并根据风、流情况制定离泊方案。 3.安排人员做好离泊前准备,确认收起舷梯、前后水域清爽等。 4.通知所需拖船及码头带缆工人就位

续表

评估要素	评价标准	实操过程
2.离泊操作	1.合理使用车、舵、锚、侧推和拖船协助离泊; 2.根据船舶吨位或者载态合理配置拖船; 3.合理发布解缆指令,确保船尾清爽; 4.操作过程中,本船未发生触碰事故	1.船舶备车完毕,艏艉拖船拖缆带妥后令拖船慢车顶,前后单绑,再依次解掉艉缆和艉倒缆,最后解掉艏缆和艏倒缆,待艏艉缆清后,见图4-4-6中船位置①,令四艘拖船停车放缆开始慢车拖曳,即时调整艏艉拖船拖力,保持船舶平行离泊。 2.当船舶被拖离泊位3倍船宽以上时,艏拖拖曳,以便船舶右转,同时为克服流的影响和使船离开泊位辅以微进车,见图4-4-6中船位置②。 3.待船舶离开泊位1倍船长左右时,见图4-4-6中船位置③,艉部拖船由拖曳改为顶推,同时根据船舶的运动趋势适当运用进车,以便拉大船舶与泊位的距离。 4.待船舶转向90°左右时,见图4-4-6中船位置④,为减小船舶向下游方向的漂移,艉部拖船慢速拖曳,可以根据船舶前进的运动趋势适当微倒车
3.离泊效果	根据泊位附近水域情况选择合适的掉头方式,合理控制离泊船速和船位,以便于后续掉头操作	1.船舶转过150°左右时,见图4-4-6中船位置⑤,拖船停止操作,依靠船舶惯性进行调转,并进车,用舵控制船舶的转头趋势。当船舶掉头朝向出港航道后,见图4-4-6中船位置⑥,即可解掉拖船,船舶开航。 2.更改 AIS 状态为 Under way using engine;向 VTS 报告

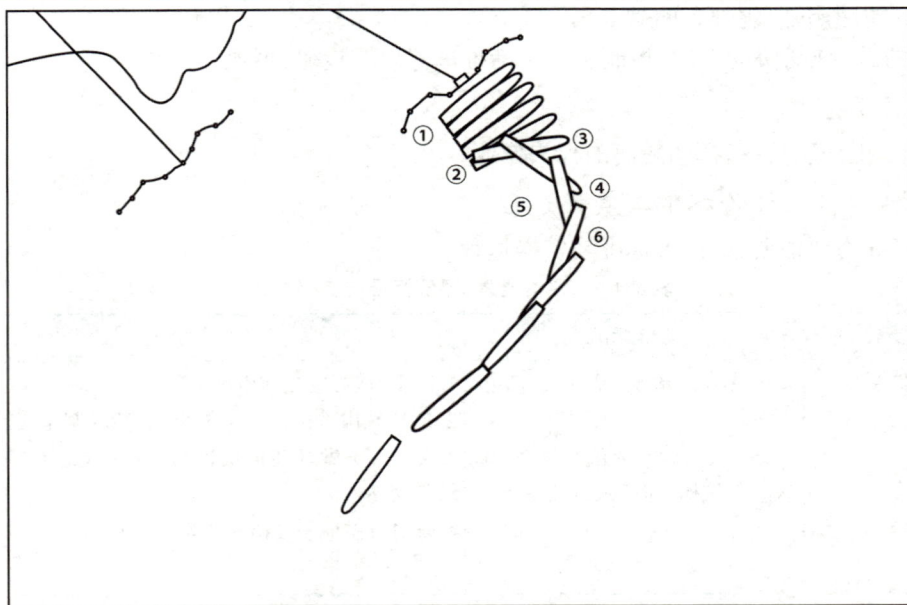

图 4-4-6 30 万吨级船舶离泊